par J. B. Bonnet

ESSAI SUR L'ART

DE RENDRE

LES RÉVOLUTIONS UTILES.

ESSAI SUR L'ART

DE RENDRE

LES RÉVOLUTIONS UTILES.

...... Non, si malè nunc, et olim
Sic erit.....

HOR. *Od. VII. Lib. II.*

TOME PREMIER.

A PARIS,

Chez MARADAN, Libraire, rue Pavée Saint-André-des-Arcs, n° 16.

AN X — 1801.

PRÉFACE.

Tant que le langage froid des principes a été un délit de jacobinisme aux yeux des uns, et un délit d'aristocratie aux yeux des autres, l'homme impartial a dû rester dans le silence; mais aujourd'hui que la vérité peut se présenter comme une autorité qui triomphe de deux contendans, sans qu'on puisse l'accuser d'être cette insignifiante modération intermédiaire, entre les extrémités révolutionnaires et contre-révolutionnaires, celui que des idées faussement philosophiques n'ont pas égaré, peut espérer de faire le bien, lorsqu'il ose prendre la plume.

Tous les écrits sur la révolution qui ont paru jusqu'à présent, n'ont jamais pu traiter le principe en lui-même, parce que l'esprit de faction étant l'ame des gouvernemens éphémères qui se sont succédés en France, on ne pouvait écrire que selon l'esprit qui dominait dans le gouvernement, ou selon l'esprit qui était en opposition avec lui; l'un et l'autre s'est toujours trouvé en-deçà ou au-delà des principes. Ce n'est que depuis que le gouvernement consulaire a prévalu, ce n'est que sous un gouvernement qui a pour but d'arrêter ou de fixer une révolution, en opposant l'énergie des principes aux efforts des paradoxes, que l'on peut avoir la confiance de voir accueillir un ouvrage qui a pour but de présenter, sous leur vrai point de vue, les principes qui ont été profanés. L'exagération en plus et l'exagération en moins ont, à la vérité, pu les dérober, même à un œil attentif; mais ils sont restés fixes et inaltérables au milieu de la tempête, en attendant le retour du calme.

Un plan tel que celui que nous avons tenté de mettre à exécution eût dû être traité par un homme d'un talent distingué; mais cet homme de talent eût-il voulu recevoir un plan d'une main aussi faible que la nôtre? Il a donc fallu que ce sujet fût traité par celui qui l'avait conçu, malgré le peu d'usage qu'il a de l'art d'écrire, et tous les défauts que peut présenter son style; il n'eût pu obtenir la concision et l'élégance dans l'exposé des idées qu'avec le temps; il a sacrifié ce que l'amour-propre eût gagné, au desir d'être utile. Ce n'est pas le cas, lorsqu'on est suffoqué par les événemens, de faire reposer ses idées dans un porte-feuille, pour ensuite en châtier les expressions; cette lenteur ferait perdre l'occasion de l'à-propos : il n'importe que l'arme soit élégante, pourvu qu'elle soit bonne, et qu'on la trouve sous la main lorsqu'il faut se battre. Les ennemis du bien public ne tiennent pas à des précautions incidentelles; les honnêtes gens eussent bien moins souvent été surpris, s'ils avaient su adopter, pour faire le bien, l'activité que les méchans emploient pour faire le mal.

L'ouvrage que nous publions a pour objet, non seulement les états qui retournent à l'ordre, après qu'une révolution a jeté de profondes racines à travers la confusion, les profanations et les paradoxes; mais encore tous ces états qui, après un principe de révolution, sont retournés à leur ancien gouvernement; de même que ceux dans lesquels on apperçoit que le fluide révolutionnaire va cherchant son équilibre. Tous doivent adopter une politique souple, qui reconnaîtra une grande partie des principes que les révolutions profanent; mais qui les emploiera avec des formes de justice, et avec une méthode qui ne tiendra ni de l'esprit d'innovation, ni de l'encroûtement de l'ancienne routine.

Les souverains, et tous les gouvernemens doivent savoir que la contagion ne peut pas épargner leurs états, tant que ceux-ci conserveront les vices internes qui l'attirent; mais, si cette crise est inévitable, il leur reste aussi des ressources pour l'adoucir. On peut ôter au venin révolutionnaire son effet contagieux dans le contact avec les corps politiques, par des préparations sur les corps politiques eux-mêmes.

Il n'y a aucun pays à qui tous les principes d'économie exposés dans cet ouvrage ne puissent convenir; mais chaque gouvernement doit y ajouter sa forme.

Les gouvernemens qui se réorganisent, ou qui sont obligés de se reformer au commencement du XIXe siècle, doivent se conduire par des principes accommodés aux circonstances et aux temps, afin d'avoir au moins la certitude morale que l'état ne sera plus exposé aux conséquences qui ont bouleversé l'Europe; qu'une génération ne sera jamais sacrifiée à une autre génération, ni un homme à un autre homme.

Il ne faut pas que l'on tombe dans l'erreur de ceux qui inventent des gouvernemens, qui ne supposent que des vertus; si on pouvait faire une si heureuse supposition, tout gouvernement serait inutile.

On n'est pas entré dans les détails minutieux de ce qui rendrait parfaite, une pragmatique donnée par un souverain à son peuple, ni de ce qui maintient la tranquillité des états. On n'a pas cru devoir faire un traité particulier pour prouver que la propriété dans les employés est la sauve-garde de la soumission aux lois existantes, parce qu'il n'est pas question ici de donner la théorie des gouvernemens, ni celle des lois; mais seulement de dire tout ce qui a du rapport avec le titre de l'ouvrage : du reste, on verra, dans les chapitres de la réorganisation, que le principe de la propriété, dans les employés, est toujours reconnu et mis en usage.

On s'est dispensé de donner l'explication des principes ; on se contente d'assurer qu'on n'en a adopté aucun qui n'ait été plus d'une fois l'objet des méditations de l'auteur, et qui ne soit sanctionné par la saine philosophie ancienne et moderne.

La plupart des hommes trouvent les plans mauvais, parce qu'ils demandent du temps et de la peine pour être exécutés : on verra comme, dans ceux que l'on propose, tout se tient par des liens insensibles, et comme tout devient facile par l'égalité d'impôts, par les encouragemens d'agriculture, par l'établissement d'une censure d'état, d'un collége d'instituteurs, et par l'adoption d'un nouveau système d'éducation.

Parmi les principes exposés, les uns ont été introduits, parce qu'ils doivent être employés aussitôt ; les autres un peu plus tard ; d'autres enfin pour donner à l'ouvrage plus de précision, parce que tel principe n'est pas moins inhérent à la chose, quoique les circonstances des lieux n'en permettent pas l'emploi.

On a senti que plus d'une idée serait désapprouvée par la légéreté, parce qu'elles ne seront pas adaptables à tel et à tel état ; mais on n'écrit pas pour un seul pays : c'est là un motif plus que suffisant pour qu'on n'ait rien retranché de ce que doit contenir un essai sur l'économie politique.

Les préjugés des peuples sont affaiblis sur plus d'un point ; il faut en profiter : et on ne doit pas se refuser à l'adoption de tel plan, parce qu'il n'auroit pas convenu deux ans plus tôt. La grande résistance n'est plus aujourd'hui dans les préventions populaires ; elle est dans l'encroûtement des idées des préposés à l'exécution des changemens et des réformes.

Malgré les détails dans lesquels on est entré, il en reste encore immensément, la tâche était de poser les bases.

Dans ce qui tient aux principes généraux : et dans les chapitres absolus, on n'a pas dit tout ce qu'on peut dire, mais seulement ce qui est relatif à l'esprit de l'ouvrage. Par exemple, l'article *peuple* fournit une matière immense, on l'a restreint à ce qui a rapport aux révolutions.

Les souverains cherchent à être aimés; les ministres à se populariser. Ce sont deux nobles passions, mais qui nuisent souvent aux états, par la négligence dans le choix des moyens.

Jamais un ministre n'a si peu eu besoin de l'opinion du peuple pour faire le bien, que dans le cas du retour d'un gouvernement; il suffit qu'il observe de se faire bien comprendre dans ses intentions par la voie des papiers publics, et dans les préambules des édits :

un même protocole ne peut plus servir à tous.

On n'a rien négligé pour donner à l'ouvrage le mérite de l'impartialité : son auteur aime la religion, les lois et la patrie ; il tient aux principes, il respecte les préjugés. Il trouve que la vérité ne peut ni être invalidée, ni s'affaiblir : on a pu la profaner ; mais on n'a pas pu la changer : il prend le bon là où il est, même parmi le mal ; il loue ce qui est bon chez les méchans, comme il blâme ce qui est mauvais chez les bons ; il est sans prévention ; il soutient des thèses qu'on appellera paradoxales ; mais il a l'expérience que souvent on condamne sans entendre. Par exemple, il ne veut pas que les prêtres se marient ; il croit avoir donné de bonnes raisons contre ce mariage ; il veut qu'on conserve le célibat dans les gouvernans à Rome ; il prouve que ce célibat produit un bon effet. Ses idées déplairont à l'exagération, parce qu'il n'approuve personne en tout ; les exagérés ne veulent pas qu'on dise du mal d'eux ni de leur opinion ; il est l'apôtre des principes ; il fait la guerre à l'esprit de parti.

Qui n'écrit pas pour le bien de l'humanité, doit se dispenser d'écrire.

Qui adresse ses idées à des hommes qui les ont déjà toutes rejetées par l'adoption d'un système tout contraire, fait un ouvrage inutile : voilà pourqoi parmi les gouvernemens qui sont retournés à leur ancien exercice, nous avons préféré de prendre l'état de Rome pour le sujet principal de l'application des grands principes d'économie publique : il fallait donner un exemple pour se rendre plus intelligible ; cet état est le plus propre à en faire ressortir les avantages, parce qu'il est en contre-révolution, parce que les actes contre-révolutionnaires qu'on a déjà faits sont pris dans le grand principe des contre-révolutions, qui est la clémence, et parce que les opérations y étant plus faciles, il donnera plus tôt cet exemple.

Quel bonheur pour un écrivain en matière de contre-révolution de n'avoir pas à convertir un souverain à la clémence!

Rome doit terrasser l'esprit des novateurs en faisant le bien, et en faisant mieux ce même bien qu'ils n'ont pas su faire.

La matière de l'ouvrage est divisée en cinq sections.

La première comprend l'exposition et le développement des principes, on a cherché à remédier à la sécheresse de cette exposition, en la renfermant dans une courte narration de tous les événemens, de toutes les circonstances et de tous les principaux incidens qui ont caractérisé la révolution; on a disposé tous ces détails dans un même cadre : c'était absolument nécessaire pour les remettre dans la mémoire des uns, et redresser les erreurs que bien d'autres nourrissent involontairement;

ce sont les vrais principes de l'argument; il était indispensable de les poser.

La seconde section contient l'état du gouvernement de Rome en soi. Il n'est pas possible d'arriver à la connaissance d'un objet quelconque sans préalablement l'analyser; il faut connaître toutes les parties dont il doit être absolument composé, distinguer les corps homogènes des corps hétérogènes qui peuvent s'être introduits dans sa confection, afin de pouvoir le recomposer ensuite dans toute sa pureté.

En suivant ce principe, on a donné la définition du gouvernement de Rome; on l'a expliquée; on l'a prouvée, on on ne croit pas qu'il y eût une méthode plus propre à introduire de la clarté, et de la précision dans les idées qu'on veut appliquer à tout état qui doit se réorganiser, ou se réformer.

La troisième section est un court apperçu du gouvernement de Rome au moment de la révolution. On a pris soin de présenter cet état sous un tel point de vue, qu'il fût évident que si son renversement n'était pas nécessaire, il demandait cependant un profond examen sur ses parties intégrantes et ses parties dépendantes, afin de les corriger, les réformer et les rappeler au principe d'unité.

La quatrième section est un choix fait parmi les remèdes appliqués déjà aux maux de ce gouvernement pendant la révolution, mais sans les précautions requises.

La cinquième section enfin, est l'emploi de tous les principes de vraie économie publique, en prenant l'état de Rome pour sujet d'application; mais avec une méthode qui fait respecter en même temps la religion, les lois, les mœurs, les préjugés, et ce que les anciennes institutions avaient de bon.

L'auteur n'aime pas les renversemens, mais l'on verra aussi qu'il est ennemi de ce faux esprit qui veut condamner la nature à gémir perpétuellement sous l'inconsistance et l'incohérence des lois et des institutions, par la raison que tant de générations passées ont gémi sans les corriger.

Les corps politiques ressemblent au corps humain ; ils ont leur enfance, leur adolescence et leur âge mûr. Les vieillards ressemblent aux enfans par la déraison ; mais on ne peut pas les corriger par les mêmes moyens.

Il n'est aucun des gouvernemens que l'on a pour but, qui ne puisse s'adapter cette division des matières. Il est possible à tous de se bien définir, de connaître tout ce qui détruit l'unité de leur définition, de comparer leurs abus avec les vrais principes, invoqués ou non par les novateurs, et de se soumettre à corriger, réformer et admettre des bases fondamentales.

L'acte de réforme que chaque souverain devrait donner à son peuple, doit être plutôt l'application des principes, selon les circonstances et le temps, à la définition de leur gouvernement qu'une constitution : mais cette application doit être contenue dans des capitulaires déclarés aussi sacrés pour le souverain que pour le peuple, sauf les changemens que l'instabilité des mœurs doit introduire, et qui devraient être indiqués par-tout par un corps gardien et scrutateur des lois.

La définition du gouvernement de Rome a paru importer sa division en parties intégrantes et en parties dépendantes ; c'est en ne confondant jamais une partie avec l'autre, que l'on conservera l'esprit de la définition, et qu'on ne s'éloignera jamais du principe d'unité dans le gouvernement. Tous les gouvernemens de l'Europe ont entièrement perdu cette unité par l'introduction des formes qui leur sont étrangères, et qui ont confondu dans tous la démocratie, l'aristocratie et la monarchie, sans qu'ils soient gouvernemens mixtes, tandis que chacun d'eux porte avec soi l'idée de l'exclusion indispensable de deux sortes de ces formes.

D'après les principes que nous avons établis dans le cours de l'ouvrage et de l'expérience que l'on a acquise depuis dix ans sur cette sorte de matière, si neuve au moment de la révolution, nous avons essayé de déterminer les bases d'une constitution qui créérait un gouvernement représentatif applicable à une nation nombreuse; c'est par là que nous terminons un livre, où il nous semble avoir démontré, à chaque page, que la philosophie n'est point ennemie de la religion; que la physionomie hideuse que l'esprit révolutionnaire a donnée aux principes, ne les a changés en rien, et qu'ils sont restés aussi immuables que la vraie philosophie avec laquelle il faut les invoquer.

ESSAI SUR L'ART
DE RENDRE
LES RÉVOLUTIONS UTILES.

SECTION Iere

EXPOSITION ET DÉVELOPPEMENT DES PRINCIPES.

PREMIÈRE PARTIE.

POLITIQUE.

CHAPITRE PREMIER.

Le Peuple.

LES écarts du peuple trouvent une excuse légitime dans son ignorance.

Le peuple est enclin à se laisser conduire; il fait aussi facilement le mal que le bien qu'on lui commande; c'est sans examen qu'il obéit ou qu'il désobéit. Ses erreurs sont des leçons aux souverains, lesquels auraient tort de croire que les peuples fussent faits pour eux.

Le peuple est porté au changement : c'est aux gouvernemens à diriger ce penchant, et à l'empêcher de se porter au renversement de l'ordre.

CHAPITRE II.

Souveraineté du Peuple.

En avouant qu'il y a des argumens solides qui prouvent la souveraineté du peuple dans la théorie, nous ne pouvons nous empêcher de penser que l'on soutient le paradoxe le plus dangereux, lorsque l'on prétend que le peuple peut et doit exercer la souveraineté : cela est si vrai, que le premier devoir de celui à qui il l'a déléguée immédiatement, ou médiatement, est de ne jamais la lui laisser reprendre. Les usurpateurs eux-mêmes ne doivent jamais la lui restituer qu'en faisant passer la force de leurs mains dans celles de tout autre souverain réputé légitime, démocrate, aristocrate, ou monarque.

De sorte que toute la théorie de la souveraineté du peuple se réduit à ce que ses pouvoirs délégués passent de souverain en souverain, sans que jamais il doive les reprendre, ni pour les exercer, ni pour les déléguer de nouveau.

La souveraineté du peuple est une vérité incontestable en théorie ; mais ce n'est qu'un paradoxe en pratique.

CHAPITRE III.

Souverains.

Il n'est pas étonnant que l'esprit d'innovation se soit trompé en définissant un roi. Depuis trente ans, la plupart des souverains mettaient toute leur gloire à se déguiser en sujets.

Une longue paix les a fait vivre sans précaution pour l'avenir ; ils s'en sont apperçus au moment du danger.

Sans doute, l'erreur des faux philosophes sur les rois est remarquable; mais celle des rois sur eux-mêmes l'est bien davantage : elle est, on peut dire monstrueuse ; c'est de cette erreur que sont nés tous les maux qui affligent la terre.

Les rois ont cessé d'être rois dès qu'ils ont cessé d'en imposer. Ils ont cru que tant de luxe et tant de richesses ne leur avaient été donnés que pour leur propre satisfaction, et non pour se cacher.

Cependant la majesté des trônes n'avait d'autre but que de dérober, aux yeux de la foule, les mauvais incidens qu'entraîne quelquefois avec elle la royauté par droit de naissance. Jamais ce voile n'avait été plus nécessaire que dans la fin du XVIIIe siècle.

C'était le grand secret des rois: leur tâche était de remplir un rôle sur un théâtre immense; mais ils ont dédaigné la magie théâtrale, ils ont voulu paraître tels qu'ils étaient, les hommes alors n'ont vu dans les rois que de mauvais acteurs.

Sous des rois tels qu'ils furent institués, les révolutions sont impossibles. Sous les rois modernes, les révolutions sont des événemens naturels.

Souverains, monarques, ou despotes, si vous voulez être justes, supprimez dans vos actes contre-révolutionnaires tout ce qui sentirait la terreur, ou une trop grande rigueur.

CHAPITRE IV.

Ancienneté des Gouvernemens.

On veut qu'un gouvernement dure toujours, parce qu'il a duré long-temps, comme s'il y avait quelque chose dans la nature qui ne cessât au moins par le changement d'existence.

Les ouvrages de Dieu sont sujets à cette instabilité, et on ne veut pas que ceux des hommes la subissent.

En distinguant l'essence de l'existence, on pourrait dire, sans paradoxe, qu'un peuple a besoin d'un gouvernement; mais que l'existence de ce gouvernement peut changer comme tout ce qui se renouvelle dans la nature en prenant de nouvelles formes.

S'il y avait moins d'esprit de parti, on conviendrait que les gouvernemens connus doivent, par leur essence, décliner et passer d'une forme à une autre.

Plus les gouvernemens sont vieux, plus ils sont voisins de leur chûte, lorsque nulle institution, dans leur partie intégrante, ne les réforme insensiblement, en accommodant les modifications aux changemens successifs des mœurs des peuples.

Cette vérité, bien méditée, conduirait tous les gouvernemens à se soumettre à des bases constitutionnelles, et à établir quelque corps conservatif de ces bases, afin qu'un peuple ne fût jamais exposé au grand malheur de se trouver sans gouvernement, à cause du besoin d'une constitution.

Il n'est aucun gouvernement qui ne puisse créer un corps semblable, en le modifiant sur les principes constitutionnels qu'il adopterait

CHAPITRE V.

Respect pour les anciennes Institutions.

On a prétendu devoir renverser les anciennes institutions, parce qu'on était dans le siècle de la philosophie : la philosophie ne connaît donc pas le cœur humain? Tout n'est que routine chez les hommes. Comment donc un philosophe peut-il se persuader qu'il changera ainsi les opinions de tout un peuple? Tout s'explique en attribuant à la fausse philosophie cet amour de renversement.

Mais le respect pour les anciennes institutions ne doit plus gêner, lorsqu'elles sont du nombre de celles qui ne se soutenaient que par le principe du respect, et que le peuple en a déjà vu le renversement dans une révolution.

C'est alors qu'il faut appliquer le principe qui ordonne de profiter des renversemens d'une révolution, lorsque l'intérêt du peuple s'y rencontre, en observant cependant de ne pas confondre cet intérêt avec l'esprit d'innovation, qui, étant aussi répandu qu'il l'est aujourdhui, gagne même les bons esprits et les cœurs droits.

CHAPITRE VI.

Ce qui a nui aux anciens Gouvernemens.

Les gouvernemens un peu anciens ont éprouvé le désordre, parce qu'ils ont ordinairement perdu leur physionomie, et parce que ceux à qui le dépôt de la félicité publique a été confié n'ont pas eu le talent de le conserver dans une parfaite unité. Trop souvent ils y ont porté atteinte en empruntant, par exemple, d'un autre pays, une institution heureuse, et l'appliquant au leur, sans en changer les formes.

Sans doute des détails, bons en eux-mêmes, produisent de bons effets; mais peu-à-peu ils arrêtent la marche d'un gouvernement, lorsqu'il faut les respecter alors même qu'ils contrarient ses principes fondamentaux.

De là vient que, dans un même pays, le peuple a diverses opinions politiques, selon le coin qu'il habite, ou la profession qu'il exerce.

Il faut que, dans un état, tout soit uniforme: dans l'état monarchique, par exemple, tout doit être monarchique; il faut que le moins important des employés soit monarque dans sa partie. Ce gouvernement doit exclure, par principe invariable, toutes sortes d'institutions et de formes qui le rapprocheraient médiatement ou immédiatement de la démocratie ou de l'aristocratie.

Le mot de monarchie porte avec soi l'idée d'un gouvernement qui marche comme l'administration d'une simple famille; qui n'est point sujet à de longues convulsions; qui réprime sans bruit, et avec moins d'éclat qu'aucun autre gouvernement, toutes sortes d'insurrections, parce qu'il est plus concentré, par conséquent plus actif et plus fort : mais où trouve-t-on aujourd'hui, en Europe, l'image de cette monarchie? Nulle part. Il n'y a pas un seul gouvernement qui ait conservé sa propre physionomie, et où toutes les formes démocratiques, aristocratiques et monarchiques, ne soient confondues.

CHAPITRE VII.

Secrétaires d'État.

Ce qui nuit à la prospérité des empires, c'est que les secrétaires d'état sont trop pressés de jouir; ils se supposent toujours une courte existence, et ils n'adoptent que des plans de courte exécution, au lieu que le principe d'un secrétaire d'état, ami de sa patrie, devrait être d'avoir de grandes vues, en se supposant le temps de les exécuter. On ne verrait pas alors le système économique défiguré par tant de petits plans.

Briller et jouir, voilà la base des systêmes des ministres d'état. Aussi, depuis trente ans en arrière, ceux qui auraient pu faire le bien, en employant mieux leurs talens, n'ont obtenu d'autre tribut que celui d'être confondus dans la liste de ceux qui doivent leur élévation au hasard.

La liste des secrétaires d'état ne nous montre souvent que des hommes arrivés à leur poste avec des réputations usurpées, livrés, avant leur haute fortune, à toute autre occupation qu'à la science de gouverner; une fois lancés dans cette vaste carrière, tout leur temps est impérieusement usé par les détails journaliers, sans que jamais ils puissent étudier la science de leur état.

Il y a trois causes principales de mauvais ministres : le défaut de talent, qui entraîne l'oubli de la définition des gouvernemens ; la mauvaise foi, qui introduit dans un gouvernement des contradictions économiques et politiques, qui n'ont d'autre but que de troubler l'état et de faire briller l'auteur ; enfin, l'orgueil de ne pas faire ce qu'a fait un prédécesseur : d'où il s'ensuit que, les ressources de l'esprit humain étant plus retrécies que la succession des ministres, ceux-ci sont obligés de recourir à des expédiens perfides.

Pourquoi un secrétaire d'état n'adopterait-il pas des plans tellement combinés, que la suite de l'exécution fût un devoir forcé pour le successeur de son maître et le sien? C'est l'oubli de cette méthode qui a perdu toutes les finances de l'Europe, et qui a empêché l'application des vrais principes d'économie publique aux différens états.

CHAPITRE VIII.

Constitution.

La convulsion qui agite le monde entier a donné la solution du problême constitutionnel; elle a prouvé la nécessité des constitutions, tant pour le bonheur des peuples, que pour la sûreté des gouvernans.

Cependant il ne s'ensuit pas que l'on doive faire des constitutions par les voies adoptées par les novateurs. Le principe une fois convenu, c'est aux gouvernans à rassembler toute la force dont est susceptible le corps politique qu'ils président, pour donner cet acte constitutionnel, lequel doit avoir diverses formes, selon les diverses idées des peuples et leurs circonstances locales.

Si les rois, à l'époque de l'explosion révolutionnaire, avaient su profiter de l'avis, elle se fût concentrée dans la France, et n'eût eu d'autre effet, chez eux, que la suppression de tout ce qui pouvait attirer le fluide révolutionnaire mis en agitation.

Cela est si vrai que, si Louis XVI avait proposé l'acte constitutionnel du 19 juin 1789, avant d'assembler les états-généraux, jamais il n'eût eu besoin de cette convocation.

Les souverains d'Europe ont imité cet infortuné monarque, lorsqu'ils n'ont pas usé de leurs forces contre de simples classes; ils ont laissé, par cette faiblesse, leur peuple entier devenir la proie des flammes révolutionnaires, et alors leurs forces n'ont pas suffi pour arrêter l'incendie.

Les souverains qui se refusent à recevoir, ou à donner un acte constitutionnel, nuisent à leur tranquillité, à celle de leurs ministres fidèles, servent l'ambition des ministres perfides et traîtres, et sacrifient le bonheur des peuples.

Appelés, pour la plupart, à gouverner une nation par des lois arbitraires, le plus bel acte de leur pouvoir doit être une loi collective, dans laquelle ils se lient eux-mêmes pour mieux lier leurs ministres, et dans laquelle ils peuvent suppléer toutes les constitutions.

Les papes ont donné plus d'une fois l'exemple de la soumission à ce principe.

Une réforme qui est faite par le souverain, lorsqu'il possède les moyens répressifs, est une rosée qui fertilise tout.

Celle qui se fait par le peuple est un incendie général, qui n'épargne ni le peuple lui-même, ni celui qui exerce sa souveraineté.

CHAPITRE IX.

Rapports des Gouvernans avec les Gouvernés.

SANS contredit le meilleur des gouvernemens, sous le point de vue relatif, est celui qui marche, quelque nom qu'il puisse porter, et il n'y a que des ignorans, des enthousiastes et des insensés, qui puissent attendre un bien réel du sacrifice de générations entières à un changement qui fait préférer l'incertain au certain.

Mais, lorsqu'un gouvernement est renversé, quelle que puisse avoir été la cause du renversement, il paraît impossible de douter que le meilleur ne fût celui qui, en respectant le plus les personnes et les propriétés, réduirait les vices des gouvernans à une telle impuissance envers les gouvernés, qu'ils seraient entièrement indifférens à leur bonheur.

Le vrai but des gouvernemens doit être de si bien lier les employés, qu'ils puissent toujours faire le bien et jamais le mal.

Il n'est aucun gouvernement qui ne puisse introduire une sorte d'opposition dans les pouvoirs qu'il délègue. Cette opposition produirait ce bon effet; elle devrait avoir pour base les divers intérêts des employés, qu'il faudrait combiner de telle manière, que non seulement un employé, dans telle partie, ne pût pas trouver son avantage à faire le mal avec un employé dans une autre partie, mais que, de plus, il trouvât du profit à l'empêcher.

L'établissement d'un tribunal de censure d'état ne laisserait rien à desirer sur cet objet.

CHAPITRE X.

Politique de l'Europe.

C'EST un tableau frappant que l'identité de principes qui règne entre les différens partis qui déchirent la France, lorsqu'il s'agit de défendre la révolution contre les puissances de l'Europe; et la différence d'intention qui a dirigé les efforts des cabinets politiques pour abattre l'hydre révolutionnaire. Cette unité et cette désunion ont fait la force des Français et la faiblesse des rois.

La politique des cabinets fut dans l'erreur dès les premiers jours de son opposition à la révolution de France; elle ne vit, en général, à travers les avantages que chacun d'eux en particulier se proposait d'en retirer, que le renversement d'une puissance depuis long-temps formidable, qui détruisait la balance.

De là vint que, dans le principe, on a favorisé directement la révolution, et on a feint, pour ne pas secourir le malheureux Louis XVI, de le croire lui-même révolutionnaire, et opposé aux intérêts des couronnes.

Au lieu d'arrêter un système général d'opposition, dont l'exécution eût été facile s'il avait été fondé sur le respect des propriétés, les puissances ont suivi, dans les coalitions même, les anciens systêmes des cabinets, et il n'est jamais entré dans leurs plans la moindre idée de conservation ou de rétablissement de l'ordre.

Elles n'ont pas même changé de méthode dans ces derniers temps, et le défaut d'union entre elles a produit, après un long déluge d'horreurs, ce que l'unité de systême aurait produit il y a huit ans.

Elles ont, pendant ce temps-là, rendu la France si forte, si puissante et si riche, qu'il serait beaucoup à considérer aujourd'hui si, dans un plan de contre-révolution à leur manière, il devrait y entrer de rétablir un roi quelconque, qui, le lendemain de son intronisation, les punirait elles-mêmes, par des motifs de politique nationale, du mal qu'elles ont fait à la France et à l'univers entier, par leur premier systême de l'anéantissement de la puissance française.

Mais elles sont loin d'avoir à opter; la politique ou les armes françaises ont subjugué l'Europe, et tous les cabinets plient et plieront à la vue des grands intérêts que Bonaparte leur offrira pour affermir et consolider une révolution dans un pays désormais inattaquable, habité par un peuple qu'on n'a pu vaincre.

CHAPITRE XI.

Rapports des Souverains entre eux.

LA destinée des puissances du second ordre a toujours été d'être soumises à une politique souple, pour savoir passer à propos du parti le plus faible au parti le plus fort, afin de gagner plus, ou de perdre moins, dans un traité définitif.

Dans la guerre actuelle tout est changé; leur sort a été d'être trompées par les cabinets puissans, et d'être punies de l'espèce de morale qu'elles ont mise dans leur résistance, par la perte de leurs états envahis par leurs propres alliés.

Les auteurs du système des confiscations en France n'ont pas survécu à leur iniquité; mais ils seraient bien orgueilleux s'ils voyaient que leurs lois, qui tombent quelquefois mesquinement sur un simple pouce de terre, ont été adoptées par des cabinets redoutables, et sont mises en pratique en grand par les rois, sur des provinces et des souverainetés entières.

L'esprit de dépouillement, en s'éloignant de sa source, s'est ennobli; et, en gagnant la politique des rois, il a grandement servi les Français, parce que les puissances, qui eussent été fortes si elles avaient été unies par un esprit d'opposition, sont devenues très-faibles lorsqu'elles n'ont opposé que l'esprit de révolution à l'esprit de révolution.

Les souverains peu puissans viennent d'apprendre que leur rôle sera plus sûr dans une parfaite neutralité, et qu'ils doivent renoncer à l'ambition d'agrandissement, qu'ils ne peuvent satisfaire qu'en se livrant à des cabinets puissans qui les sacrifieraient tôt ou tard.

CHAPITRE XII.

Oubli des Droits des Nations et des Gens.

ON accusait les Français de tout renverser, de ne respecter ni principes ni propriétés, etc. : on eût cru que les puissances, en s'armant contre un déluge de sophismes et de paradoxes, eussent employé sur-tout l'arme formidable du respect pour la morale, et pour tous les droits, quelconques : elles ont fait tout le contraire.

On les a vues, contre tous les droits des nations, vouloir affamer une population de vingt-cinq millions d'hommes, parce qu'elle contenait 50,000 terroristes; mesure qui fut impraticable.

On a assassiné et égorgé, sur le territoire des alliés, des négociateurs d'intérêts publics; fait obscur et inexplicable!

On a saisi sur un territoire neutre, et emprisonné ensuite des généraux qui avaient abandonné l'armée, qui se battait contre les alliés.

Elles ont adopté le systême des confiscations, déjà tant condamné avant la révolution.

Quatre puissances ont manqué aux capitulations, en égorgeant les capitulés sans défense.

Elles ont blessé les droits de la neutralité envers les nations et les individus, en brûlant, au milieu de la Méditerranée, les navires de transports qui revenaient des bouches du Nil, et que les Français avaient pris de force dans des ports qu'ils avaient envahis.

Trois puissances, liguées pour arrêter la révolution française dans ses progrès politiques et immoraux, excitent dans le même temps une révolution en Pologne, s'emparent de ce royaume, le divisent entre elles; et Varsovie voit, dans ses murs, les horreurs du 2 septembre dans Paris.

Rien n'est plus vrai dans cette guerre d'opposition, qui aurait dû être celle des principes contre les paradoxes, que la similitude de principes et de conduite dans les terroristes et les contre-révolutionnaires.

Tous les deux ont déclaré bonne prise, et conquête juste, ce qu'ils ont pris l'un sur l'autre, quoique appartenant avant à des particuliers ou à des puissances. Ils se sont donné mutuellement le brevet de guerre juste.

On feint ensuite d'être étonné des victoires des Français, et de la quantité de leurs partisans.

CHAPITRE XIII.

Ancienne routine opposée aux nouveaux principes.

La conduite que les gouvernans ont tenue envers les gouvernés, en matière de révolution, a prouvé que les nuances dans les mœurs, et dans les opinions des peuples, n'étaient pas la base de leur système de gouvernement. Ils ont traité leurs opinions explicites, après l'épidémie révolutionnaire, comme ils traitaient leur apathie et leurs opinions implicites, dans le temps qui l'avait précédée.

Ils n'ont opposé que l'ancienne routine aux nouveaux principes. Ils n'ont pas voulu s'avouer que les gouvernans ne sont que des pilotes, qui doivent conduire le vaisseau selon les vents, qui sont les opinions et les mœurs.

Voilà l'origine de tant d'erreurs : on a prohibé les papiers français, sans faire attention que la prohibition donnerait plus d'envie de les lire, et on n'a pris aucune précaution subséquente.

On n'a substitué nulle part des papiers vraiment nationaux aux papiers français. C'était cependant la première mesure qu'il fallait prendre.

On aurait empêché l'attention de se porter au-dehors, lorsqu'on aurait enseigné à connaître les avantages de son propre gouvernement, en réfutant avec modération les sophismes des novateurs, et en indiquant les réformes que le gouvernement allait incontinemment mettre à exécution.

CHAPITRE XIV.

On se serait mieux opposé à la Révolution en ne s'y opposant pas.

POURRAIT-ON inventer une mesure contre-révolutionnaire plus inconsistante et plus incohérente que l'émigration française? Aussi l'effet a répondu à la cause.

On a cru obvier à tous les inconvéniens d'une révolution en voulant détruire l'ancien et le nouveau gouvernement : mais la révolution de France n'était pas un simple événement politique.

Si on avait donné une armée aux princes pour le rétablissement de la maison de Bourbon, le feu révolutionnaire s'éteignait de lui-même.

C'est le système d'invasion (qui s'est manifesté clairement après la conquête d'une partie des Flandres, lorsqu'on ne vit pas flotter les fleurs de lis sur les tours de Valenciennes) qui a le plus contribué à produire en France cet esprit public général, qui a fait renverser l'ancien gouvernement, et a décidé une nation nombreuse, riche, valeureuse et habile, à préférer sa propre souveraineté à la souveraineté d'un vainqueur. C'est en vain qu'on a voulu renforcer la faiblesse des motifs de guerre par l'institution du club de 1789, qui avait pour but la propagation des principes révolutionnaires. Ce club n'était point une armée : avant la fin de 89, il cessa d'être une société de gens de lettres ; il ne fut plus qu'un billard et un restaurateur.

Pour s'opposer à cette propagande, il fallait prohiber les livres et les papiers français, et y substituer des papiers nationaux, et non point employer le canon : les armées françaises, en pénétrant et résidant depuis huit ans sur le territoire ennemi, ont bien plus propagé les principes révolutionnaires, que ne l'ont fait les livres du club de 89, qui n'a imprimé que des cartes d'entrée dans son enceinte.

CHAPITRE XV.

Errreurs qui n'ont pas été commises dans l'opposition à la Révolution.

Tous les actes qui n'ont pas eu pour but de fixer la révolution, en la rappelant à la véritable application de ces antiques principes qu'on a profanés par des invocations paradoxales, ont été des erreurs commises dans l'opposition à la révolution.

L'idée de contre-révolution présente en soi tant d'inconsistance, d'incohérence et de contradiction, qu'il est bien étonnant qu'on veuille persister, je ne dis pas à la tenter, mais à en prononcer le nom, lorsqu'il ne signifie pas fixer la révolution.

Il n'y a eu qu'un acte d'opposition à la révolution qui n'ait pas été une erreur; c'est celui par lequel Bonaparte a arrêté les paradoxes dans leur marche destructive; par lequel il a éloigné le danger des assemblées populaires, en modifiant la représentation nationale sur des bases relatives aux temps, aux lieux, aux circonstances, et sur-tout indiquées par une trop fâcheuse expérience de dix années; par lequel il a remédié aux inconvéniens de la dilatation des pouvoirs, en concentrant l'autorité, et par lequel enfin il a consolidé les bases constitutives par la non responsabilité du pouvoir gouvernant.

Fait-on attention au raisonnement paradoxal des partisans d'une contre-révolution, voici en quoi il consiste en dernier résultat. Sous l'ancien régime tout était bien, puisque la révolution a causé plus de maux encore. Il faut donc renverser la révolution, et rétablir l'ancien régime. L'esprit paradoxal se trouve produit dans ce raisonnement, autant par la mauvaise foi que par l'ignorance et l'aveuglement. Ne serait-il pas plus conforme à la raison et à l'expérience de dire : L'ancien régime était désastreux par l'oubli des principes; la révolution a été affreuse par leur fausse application; il faut que tous ces maux soient guéris par un appel aux principes, qui, abstraction faite de tout esprit de parti, et d'influence factieuse, rétablira ou réformera, consolidera ou détruira, conservera ou créera tout ce que l'ancien régime ne sut ni réformer, ni détruire, ni consolider, et ce que la révolution n'a su ni rétablir, ni conserver, ni créer.

Le gouvernement consulaire, lui seul, par sa force intrinsèque et par son indépendance des factions, a su fixer la révolution; lui seul peut procurer tous les bons effets de cet appel aux principes : son opposition à la révolution est donc la seule qui ne soit pas une erreur.

CHAPITRE XVI.

C'est l'ignorance qui conseille de rétablir un Gouvernement tel qu'il était.

On se moquerait d'un architecte qui, à côté de la rotonde à Rome, élèverait, sur les débris d'un temple de bas gothique, le même temple que les Goths avaient bâti : tout au plus, on croirait que c'est pour dégoûter par la contradiction.

L'on voudrait donc, à côté des principes les plus avoués de l'économie publique, soumettre une nation à la terrible rigueur de montrer qu'on ne doit pas organiser des gouvernemens semblables au sien.

Cette opinion est le comble de l'ignorance et de la mauvaise foi : si elle prévalait, ce serait le triomphe de l'intérêt particulier sur le bien général.

CHAPITRE XVII.

Esprit Public.

Créer un esprit public, est l'opération la plus difficile de la science de la législation.

Lorsqu'un peuple, à la suite d'une longue et fâcheuse révolution, est parvenu à sentir le besoin de la souveraineté, quelque forme qu'elle puisse prendre, ce peuple alors commence à acquérir un esprit public; et autant il s'est laissé entraîner dans la voie du désordre par l'invocation spécieuse des principes purs, autant il leur résiste par l'expérience qu'il a acquise; que, vu la corruption, ils sont des paradoxes quant à la pratique. L'esprit public peu-à-peu devient éclairé, et ce peuple finit par être affermi dans la voie de l'ordre.

Ce qui a distingué jusqu'ici le peuple anglais du peuple français, et a donné à celui-là de l'avantage comme nation, c'est qu'il avait un esprit public, et celui-ci n'en avait point : mais, il faut tout dire, c'est aux horreurs d'une révolution que le peuple anglais doit cet esprit national qui lui a fait connaître la route du bonheur. Il en a fini l'apprentissage il y a cent ans; le Français le fait aujourd'hui, c'est une science qui lui coûte cher.

La Grande-Bretagne offre un tableau frappant des bienfaits de l'esprit public. Quelle ressource en tout genre ne fournit-il pas aux ministres des différens départemens?

Mais les révolutions ne sont pas le seul moyen qui donne cet esprit, il y en a de plus doux dans les mains des gouvernemens.

Les papiers publics, bien dirigés, ont cet avantage.

Un autre moyen, c'est d'associer la fortune des particuliers à la fortune de l'état; c'est là le grand régénérateur de l'esprit national dont se sert le ministère d'Angleterre.

L'esprit public doit être regardé comme le nerf des états; cependant on l'a négligé jusqu'aujourd'hui.

Les novateurs en ont profané le mot, qui, pour ainsi dire, était inconnu à la foule avant la révolution; mais les puissances de l'Europe en ont trop dédaigné la chose : elles n'avaient de moyens de repousser l'anti-esprit public terroriste français, qu'en créant un esprit public national.

CHAPITRE XVIII.

On peut toujours faire le bien.

On se fait illusion lorsqu'on croit que la France était le pays le plus mal gouverné, en conséquence, le seul qui méritât le sort qu'il a eu, ou, tout au moins, d'être le premier dans le spectacle des renversemens. Il est reconnu que la France avait le gouvernement le plus doux, et un des meilleurs de tous les grands empires de l'Europe : il n'y avait aucun vice fondamental, tout ce qu'on lui a reproché pouvait être corrigé. Mais le roi fut mal servi; et, si l'Europe a vu périr ce souverain sur l'échafaud, c'est que, sans doute, il est écrit que c'est sous les bons princes qu'arrivent les grands bouleversemens.

Que chacun se rende justice, les cabinets de l'Europe ont perdu beaucoup de temps; mais il n'est jamais trop tard pour entreprendre le bien. Il y a, dans la plupart des empires, plus de causes de révolution qu'il n'y en avait en France. Les gouvernemens sont travaillés de grandes maladies; il faut qu'on y applique de prompts remèdes.

Le retard qu'on a mis dans des opérations indispensables fournit l'occasion de profiter des fautes des Français, qui, par leur inexpérience, leur précipitation et leurs mauvaises formes, ont rendu les peuples plus faciles à gouverner, pourvu qu'on leur laisse voir de vrais amendemens dans ce qui blesse les corps des nations.

CHAPITRE XIX.

Les grandes vues font les grands Souverains.

JAMAIS il ne fut une plus belle circonstance pour un souverain, que son retour après un bouleversement : il n'a plus à suivre de mauvais plans commencés par ses prédécesseurs ; il n'est plus obligé de respecter les erreurs des anciens ministres ; il va dessiner sur une toile parfaitement lavée. Il a pour instituteurs deux grands maîtres ; l'expérience, qui, condamnant beaucoup d'institutions qui ont été renversées, lui commande de ne plus les rétablir, et la fausse philosophie, qui, si elle a causé de grands maux aux peuples, a enseigné au moins aux législateurs quelles sont les voies qu'ils ne doivent point prendre.

Le pays où un souverain reviendrait avec la conviction que le peuple n'a point été fait pour lui, mais bien qu'il a été fait pour son peuple, serait destiné à être le pays le plus heureux du monde.

C'est là que l'on verrait briller cette unité, cet accord de principes dans les différentes parties d'un gouvernement, et dans les détails des administrations.

C'est là que l'on verrait ces grands principes d'économie publique mis en œuvre sans nul danger ni aucune résistance de la part de l'ancienne routine, de la mauvaise foi et de l'impatriotisme.

C'est là que l'on verrait l'agriculture enfanter le commerce, celui-ci les manufactures, et tous les trois ensemble appeler les beaux arts, et multiplier la population.

Il appartiendrait à un tel souverain de travailler à l'union de tous les peuples, en proposant une législation universelle au moins en matière criminelle, une éducation universelle, et même une langue universelle; non telle qu'elle dût supprimer les langues nationales, mais telle qu'il fût facile à toutes les nations de l'apprendre en apprenant la leur. Immortel abbé Sicard! toi qui fais parler les muets et entendre les sourds, tu tiens le secret de cette langue!.... Bon abbé de Saint-Pierre, on ne dirait plus que tu as déliré!

Quel beau poste dans la cathégorie des gouvernemens, que celui qui autoriserait un souverain à proposer de bonnes lois aux autres gouvernemens!

CHAPITRE XX.

Bonheur de la masse, premier but de tout Gouvernement.

La prospérité de tout état réside dans le bien-être moral et physique de la grande partie de la nation.

Ce principe n'est point invoqué pour la discussion, il est depuis long-temps reconnu ; c'est lui qui a fait supprimer les féodalités, les mains-mortes, les prestations personnelles, etc. presque dans toute l'Europe. On le rappelle seulement à une meilleure observation, et à une application un peu plus détaillée à l'occasion d'une révolution.

Ce qui rend le gouvernement aristocratique odieux est précisément la difficulté qu'il oppose au développement de ce principe. Venise, Berne, Zurich, en offraient des exemples frappans ; dans ces états, la souveraineté était si dilatée, il y avait tant d'individus souverains, que très-souvent on était obligé de dire : Voilà le souverain qui se venge, au lieu de dire qu'il exerçait la justice.

Presque toutes les républiques aristocratiques

ont péri, par la raison qu'elles ne ménageaient en rien l'amour-propre de la masse, et que sans cesse elles l'opprimaient dans ses facultés morales et pécuniaires.

Ainsi toute loi dont l'effet, par différens canaux, n'atteint pas, dans sa bienfaisance, tout individu quelconque, est destructive du principe fondamental de tout gouvernement.

DEUXIÈME PARTIE.

RÉVOLUTION.

CHAPITRE XXI.

Coup-d'œil sur la Révolution de France.

QUE d'auteurs de la révolution de France ne trouverait-on pas, si on voulait s'en rapporter aux opinions hasardées de chaque parti, de chaque faction et de chaque pays ! Tous reconnaissent des auteurs qu'ils encensent ; mais c'est une erreur. La révolution de France a eu des causes premières etd es causes secondes, et point d'auteur. Hommes et choses, tout a été entraîné ; et personne ne peut se vanter de l'abominable génération du monstre révolutionnaire. C'est en suivant le torrent, et profitant des circonstances, que certains hommes sont devenus fameux. Ceux qui ont vu commencer la révolution, et qui ont échappé à l'incendie, ne se reconnaissent plus eux-mêmes, tant ils sont éloignés du point d'où ils sont partis.

Tout fut plongé en France dans la confusion, par un renversement dont personne ne fut l'auteur; mais qu'un aveuglement et une cécité inexplicables opérèrent le 4 août 1789.

L'ouvrage de cette fameuse nuit peignit à l'imagination les maux irréparables que ferait un antique édifice immense placé sur une élévation, dont toutes les parties, se détachant à la fois de leurs fondemens, se précipiteraient dans une vallée profonde, entraînant avec elles tout ce qui se trouve sur leur route.

Ensevelis dans cet abyme, les Français se sont agités pour se débarrasser des ruines; mais, malgré tous leurs efforts, ils ne marchent encore que sur des décombres.

Toutes leurs constitutions n'ont été que des essais. La première supposait des anges: il n'y a que les Français eux-mêmes qui aient pu se méprendre sur eux-mêmes jusqu'à ce point.

La seconde avait été trempée dans le sang du roi et des martyrs du 2 septembre. La troisième était plutôt un tableau de confusion qu'un acte constitutionnel.

Ce qui se passe aujourd'hui est une révolution opérée par un homme, qui, en concentrant l'autorité depuis long-temps trop dilatée, a su ôter à la représentation nationale tous les dangers qu'elle recevait du contact avec les assemblées populaires.

Les Français sont las de cette effroyable lanterne magique, qui, dans le court espace d'onze ans, a rempli d'horreur le cœur et l'esprit de vingt-cinq millions d'hommes, a ruiné leur genre nerveux, a bouleversé tous leurs sens, par le passage d'un million de tableaux de massacres, d'assassinats, de fleuves de sang, de tyrannie et de despotismes; ils sont si las, peut-on dire, de ces représentations, qu'ils permettraient à qui que ce fût de faire tomber le rideau, si déjà un homme extraordinaire ne guidait leurs pas sur cette planche de salut qu'il a su poser, et qu'il consolide au-dessus de tous les précipices.

L'éruption imprévue qui a placé Bonaparte à la cime du volcan date de quinze mois : trois mois après, des écrivains placés hors de France, loin des dangers imminens, n'ont pu résister à l'enthousiasme de faire l'éloge de son gouvernement. Que l'on juge par cette précipitation, à la vérité justifiée depuis lors par l'expérience, quelle doit être la disposition des esprits des Français, placés sous la bouche du gouffre, sur un sable mouvant, et sans cesse exposés aux tremblemens et aux commotions ! Il faut recourir à la métaphore pour peindre leur situation ; et celui qui trouvera la plus exacte n'en donnera cependant qu'une faible idée.

CHAPITRE XXII.

Causes de la Révolution.

La révolution de France a eu deux seules causes directes, l'une positive et l'autre négative.

La première fut la plénitude du mérite, de la science et des talens du tiers; la seconde l'ignorance et la fausse philosophie du gouvernement.

L'une sans l'autre, elles fussent restées sans effets; l'absence de la première ôtait tout le danger de la seconde; le talent dans le gouvernement, joint à sa force, eût rendu nuls tous les efforts de la science du tiers.

Quand on parle des causes de la révolution de France, on les confond pour l'ordinaire avec les occasions, les moyens, et tout ce qui, en général, a servi à l'éloigner de sa route régulière. L'embarras des finances en fut la principale occasion; le jansénisme, le protestantisme, la franc-maçonnerie, la secte des illuminés, celle des économistes, etc., en ont été les principaux moyens; et c'est la fausse philosophie, la corruption des mœurs et l'irréligion, qui l'ont détournée: mais l'esprit de parti fait qu'on trouve la vraie cause dans chacun de ces accessoires; et il est à observer que l'ignorance du gouvernement, et la science du tiers n'entrent pour rien, ou n'arrivent que d'une manière bien incidentelle et bien éloignée, dans les argumens dont chaque auteur grossit son livre.

Sans l'ignorance du gouvernement, l'embarras des finances n'eût pas été l'occasion la plus prochaine de la révolution; le gouvernement instruit eût connu tous les moyens qu'il avait d'y remédier, sans la convocation des notables et des états-généraux. La suite a bien montré combien le ministère, à cette époque, connaissait peu les richesses et les facultés sur lesquelles il eût pu exercer ses lumières, s'il en avait eu.

Sans l'ignorance du gouvernement, jointe à sa fausse philosophie, l'esprit des économistes, s'il eût pénétré dans le cabinet du roi, ne s'en fût pas tellement emparé sous M. Turgot, que toutes les têtes, même celle du roi, en fussent remplies.

Sans l'ignorance du gouvernement et la fausse philosophie, le roi ne se fût pas enthousiasmé du tiers en lisant tous ces ouvrages d'économie publique qui inondaient tous les matins son cabinet d'étude; il n'eût pas tellement reconnu la souveraineté du peuple, qu'il n'eût su en même temps qu'elle était un paradoxe dans la pratique, et qu'un souverain remplit bien mieux son rôle de conservateur de la tranquillité publique, en la niant entièrement, que lorsqu'il la reconnaît en théorie, avec le risque d'être entraîné dans le danger de la pratique par des argumens spécieux.

Sans l'ignorance du gouvernement, des ministres ambitieux n'eussent pas adopté des idées, qui ont à-la-fois renversé le gouvernement lui-même, et enseveli leur orgueil dans la honte et l'ignominie.

Sans cette ignorance, on eût mieux choisi le mode et les circontances de rendre l'état civil aux protestans.

Sans cette ignorance, on eût rendu plus de justice au tiers, et on n'eût pas excité à chaque instant son ressentiment et sa vengeance.

Sans cette ignorance enfin, trente mille hommes n'eussent pas été inutilement rassemblés aux environs de Paris le 13 juillet.

Le mérite du tiers a dû causer une révolution, lorsque sa plénitude n'a plus fait qu'une classe de toutes ses divisions et subdivisions;

Lorsque, quoique humilié, il était l'ame de tout en France, dans la politique, comme dans le civil et dans la religion;

Lorsqu'il était en possession, presque exclusive, de fonder et de faire propager, par l'impression et par l'enseignement, toutes les doctrines anciennes et modernes;

Lorsqu'il avait conquis à la fausse philosophie le roi et son cabinet, la noblesse du second ordre, et la jeune noblesse du premier ordre dans l'enseignement des colléges;

Lorsqu'il pouvait mettre en opposition, en matière de religion, l'instruction et l'activité qui distinguent les persécutés, avec l'apathie et l'ignorance qui caractérisent les ministres d'une religion dominante et privilégiée.

Ces deux causes sont évidemment, l'une par l'autre, les vraies causes de la révolution. Les auteurs français n'en conviennent pas toujours, parce qu'ils se trouvent enveloppés dans l'une ou dans l'autre; ils aiment mieux faire des arbres généalogiques de toute la révolution, dans lesquels, malgré leurs subtilités, on voit toujours de grands vides et d'immenses lacunes.

Celui-ci, qui n'est ni politique ni observateur, mais catholique, apostolique romain, trouve la cause de la révolution dans le protestantisme; en prolongeant son idée, on la trouve dans J. C., parce que, si J. C. ne fût pas venu au monde, Clovis ne se fût pas fait chrétien; si Clovis ne se fût pas fait chrétien, il n'y aurait pas eu en France des guerres de religion; sans les guerres de religion, Louis XIV n'eût pas pu révoquer l'édit de Nantes, et l'archevêque de Sens rendre l'état civil aux protestans. C'est donc J. C., et non le protestantisme, qui, selon celui-ci, est la cause de la révolution en France.

Celui-là attribue la révolution aux franc-maçons, lesquels n'ont aussi été qu'un moyen très-passif, à cause de leur correspondance depuis long-temps en activité, et de l'opportunité que les loges fournirent pour les rassemblemens et pour la propagation de la nouvelle doctrine. Cette secte ne faisait pas un ensemble quant aux talens, et son but n'avait rien de commun avec les révolutions. L'auteur de cette généalogie franc-maçonnique de la révolution française était aussi du tiers; et nous lui rendons la justice de dire qu'il fournissait un bon contingent dans la dose du talent qui a causé la révolution; il ne veut pas s'en souvenir, parce que la révolution a été trop loin; mais si, restant dans les bornes de la philosophie, de la raison et de la religion, elle eût appelé, comme à Turin, les gens de mérite qui remplissaient les chaires des universités et des colléges, à l'épiscopat, au lieu que l'ancien régime ne l'accordait qu'à une classe presque exclusivement, il eût alors trouvé la révolution régulière. Hé bien, qu'il sache que, dans toutes les classes du tiers, il y avait des gens de mérite comme lui, qui avaient ces mêmes idées relativement, et aussi fondées en raison et en justice que les siennes. C'est cette masse de mérite humilié et non récompensé qui s'est élevée; et lui-même, sans s'en appercevoir, était parmi les insurgés. Qu'il cesse donc de faire tant d'honneur aux franc-maçons, qui n'ont été que des instrumens; qu'il accuse modestement son mérite, et, avec toute l'énergie de sa plume, l'ignorance du gouvernement.

Il y a un ouvrage italien dans lequel la révolution française a pour chef Olivier Cromwell.

Bientôt on la mettra sur le compte de la théologie, parce que celle-ci inventa l'art de subtiliser qu'ont adopté les faux philosophes.

Et pourquoi donc ne trouverait-on pas cette cause dans l'imprimerie? pourquoi pas dans la Sorbonne, qui inventa la poste aux lettres? pourquoi pas dans Nemrod et Saül? S'il n'y avait pas eu de rois, les révolutions ne les renverseraient pas.

Enfin il y en a qui trouvent cette cause dans la fausse philosophie, dans la corruption des mœurs et dans l'irréligion. Ce sont là, en effet, les trois principaux accessoires qui ont dévoyé la révolution, qui ont déshonoré, avili, détruit, on peut le dire, le mérite du tiers; mais ils n'ont nullement été des causes. Cela est si vrai, que, si le gouvernement eût eu des lumières, la fausse philosophie, qui n'est que la vraie philosophie égarée, eût facilement été ramenée dans les bornes de cette vraie philosophie, les mauvaises mœurs eussent été domptées, et l'irréligion réprimée. Car enfin ces trois accessoires ne sont pas des plantes exotiques qu'on a transplantées en France à l'époque de la révolution, et jusqu'alors inconnues. Ce sont les principaux vices qui, en France comme par-tout ailleurs, ont, de tous les temps, provoqué l'institution des gouvernemens.

Le défaut de lumières dans les gouvernans donna lieu à une libre éruption des talens, de la science et de l'éloquence du tiers. L'on a dû être dans l'admiration à la vue des variétés innombrables qui sortirent de ce volcan si long-temps concentré; mais il favorisa aussi l'explosion subite et irrésistible de toutes ses passions. Cette vraie philosophie qui etait dans ses livres, et qui avait séduit même le gouvernement, dépassant alors ses bornes, devint fausse philosophie, et produisit les malheureux effets de l'ignorance. Les millions de bras de la corruption des mœurs furent déliés, et la religion fut renversée, cette religion que la vraie philosophie, encore que, par impossible, elle fût incrédule, eût conservée, au moins comme le premier ressort de la félicité publique, dans la main des gouvernans.

L'autorité royale, tenant encore les rênes du gouvernement, montrait depuis long-temps peu de connaissance du cœur humain; le tiers devenu meneur, multiplia à l'infini les dangers et les malheurs de cette ignorance.

La légéreté avec laquelle on émet les opinions politiques, et l'adhérence inconsidérée qu'on leur accorde, a fait dire et répéter, presque par-tout, que bientôt toute l'Europe serait révolutionnée comme la France. Il est faux que tous les peuples de l'Europe soient prêts à ces grands mouvemens; il s'en faudra encore long-temps avant qu'ils soient arrivés au degré de lumières, qui est nécessaire à cet effet. Il ne s'élève pas encore de leur sein ces vapeurs scientifiques, et faussement philosophiques, qui pénètrent dans les cabinets des rois, et même dans la tête des souverains, comme il est arrivé en France.

La révolution, si elle pouvait se propager sans ces préliminaires, arriverait donc en Prusse, pour justifier les erreurs de ceux qui disent que le cabinet de Berlin a eu tort de ne pas servir les coalitions? Le gouvernement de Prusse serait donc puni pour n'avoir pas épuisé sa population et le trésor public à soutenir les efforts des puissances aveugles qui faisaient la guerre contre elles-mêmes; il serait donc puni de n'avoir pas été, comme tant d'autres puissances, victime de l'ambition d'un peuple orgueilleux et égoïste, et surtout d'avoir rempli le trésor de l'état, d'avoir épargné le sang de ses sujets, et de n'avoir point mis d'impositions, c'est-à-dire, d'avoir satisfait aux trois premiers devoirs d'un souverain? Non; pour prix d'une politique si avantageuse à son peuple, il augmentera son territoire sans tirer un coup de canon.

Avec un peu plus de bonne foi, tous les Français s'accorderaient sur les causes de la révolution, et ils seraient indulgens entre eux; car enfin y en a-t-il un seul qui puisse ne pas se trouver ou parmi les ignorans, ou parmi les hommes de mérite mécontens, ou parmi les faux philosophes, ou parmi ceux qui avaient de mauvaises mœurs, ou parmi ceux qui manquaient de religion?

CHAPITRE XXIII.

Les Protestans.

De toutes les classes qui divisaient et subdivisaient la population de la France sous la monarchie, celle qui a le plus et le mieux servi la révolution est celle des protestans. Notre intention n'est pas de leur reprocher leurs vengeances et leur aigreur, elles étaient trop pardonnables.

Le protestantisme était une faction révolutionnaire, organisée en France depuis la révocation de l'édit de Nantes : on pouvait l'appeler faction anti-royale, anti-ministérielle, anti-religieuse, anti-romaine, anti-parlementaire, anti-administrative; son esprit se prêtait à toute sorte de renversement, pourvu qu'elle pût se venger, et triompher: sous ce rapport elle a dû servir, non seulement la révolution en général, mais tous les partis en particulier.

Dès le jour où il fut nécessaire de faire circuler un esprit accommodé au temps, où on eut l'imprudence de convoquer les états-généraux, afin que les assemblées primaires fussent uniformes dans la levée du bouclier, les protestans offrirent un moyen de correspondance secret, qui depuis longtemps échappait à la vigilance du gouvernement.

On eut besoin d'orateurs insinuans dans les assemblées primaires; les protestans en fournirent en grand nombre de très-adroits dans leurs pasteurs, accoutumés à manier la parole en chaire, instruits par la persécution, et aiguillonnés par la vengeance que nourrissait dans leur cœur l'avilissement où les avait jetés l'impolitique révocation.

Ils procurèrent par là, dans la députation du tiers, des ennemis sûrs et incorruptibles de l'ordre du clergé.

Ils rendirent les mêmes services hors des assemblées primaires, et hors de la représentation nationale; la correspondance entre les représentans et les autres protestans dispersés dans les provinces devint d'une activité rare, et communiquait, avec la plus grande célérité, tous les mouvemens, toutes les commotions qu'on voulait exciter.

Le principal ministre ne prévoyait aucune des conséquences de son système destructeur du trône, et désorganisateur des différentes classes de la nation française. S'il eût eu un œil politique, il s'en fût d'abord apperçu victime lui-même. Il eût vu que le commencement de l'état civil qu'il rendait aux protestans ne leur suffirait pas, et que cet acte inconsidéré ne devait servir que d'une arme contre le gouvernement lui-même. Ce premier pas fait, les protestans n'eurent plus besoin de lui ; ce qu'un archevêque avait impolitiquement commencé, un protestant, devenu aussi ministre principal, pouvait bien le continuer : c'est ce qui est arrivé. Celui-ci diminua de tous ses moyens et de toutes ses forces l'influence du clergé romain, en matière de politique comme de religion, et donna en proportion une plus grande consistance à une classe opprimée, qu'il eût fallu, sans doute, tôt ou tard, cesser de flétrir, mais par des voies plus politiques, et sur-tout plus conformes à la connaissance du cœur humain, et aux circonstances critiques où se trouvait la France.

Le résultat de l'impolitique, de l'ignorance et de la méchanceté de l'archevêque de Sens, a été sa propre chûte dans le sein de l'ignominie et du mépris, le renversement de l'ordre, de la royauté, et l'enveloppement de la secte qu'il avait voulu protéger, dans la série de tous les malheurs qu'il a engendrés en France, lesquels ont atteint les protestans dans leur qualité religieuse, comme dans leurs intérêts pécuniaires et dans la nouvelle existence qu'il avait voulu leur donner.

CHAPITRE XXIV.

Le Jansénisme.

CETTE secte pourrait être laissée, confondue avec toutes celles qui composaient le protestantisme en France; mais nous lui trouvons un caractère qui la distingue, que nous croyons devoir relever. Ainsi que les autres sectes, elle n'a point été cause de la révolution comme certains de mi-politiques le veulent; elle n'a cependant pas été, comme elles, dans la classe des moyens actifs ou passifs.

Le jansénisme a été un incident prochain, positif, qui a multiplié les maux de la révolution, comme les jésuites ont été un incident éloigné, négatif, qui les eût empêchés.

La présence du jansénisme, dans plusieurs circonstances de la révolution, a augmenté la corruption du fluide révolutionnaire. On peut dire, par exemple, que cette secte, ayant présidé l'ouvrage de la constitution civile du clergé, a causé tous les plus grands maux qui ont désolé la France. Personne ne nie que de la persécution de la religion sont nés les plus grands désordres.

Ces désordres sont dus au jansénisme organisateur d'un clergé anti-romain, sans qu'il ait eu besoin pour cela d'être ni cause principale de la révolution, ni moyen employé pour la propagation des principes révolutionnaires, lesquels n'ont rien de commun avec son rigorisme et sa sourde et tortueuse vengeance.

CHAPITRE XXV.

Les Illuminés.

Cette secte a eu une origine commune avec celle des martinistes; mais elle n'a plus rien de commun avec celle qui continue de porter ce nom, sous les auspices de la plus lubrique dépravation. Les illuminés pourraient être regardés comme une réforme de celle-ci.

Il nous a toujours paru que cette secte était le

refuge des amans malheureux, et qui ont l'imagination malade. En effet, elle est tout extase; elle va chercher l'objet de son amour dans le ciel, quoique celui-ci soit encore sur la terre, jouissant peut-être même à la manière des martinistes.

C'est de toutes les sectes de la religion de J. C. La seule qui ait appelé le secours de Mahomet. Dans leurs extases, ils voyagent dans des ciels plus ou moins élevés, où ils se trouvent plus ou moins étroitement unis avec l'objet de leur amour, dans des boudoirs ornés de glaces, de perles et de diamans, et sur les sophas les plus voluptueux.

Il paraît même que leurs jouissances précélestes sont aussi dirigées par les différens goûts qui les attachaient à l'objet cruel, puisque quelquefois la faveur du ciel ne leur laisse que la jouissance de quelques parties du corps de cet objet. Celui qui, avant d'être abandonné, s'extasiait devant le pied de sa maîtresse le trouve de préférence dans les réduits amoureux célestes, lorsque la faveur qu'il reçoit est partielle. Il en est ainsi de tous les goûts pour les différentes parties du corps, qu'on nous dispense de retirer du mystère.

On voit bien jusqu'ici comment cette secte a trouvé place chez les sots : mais on demandera comment elle a pu être utile à la révolution.

Ce paradis, comme on voit, musulmanique est une addition que cette secte exaltée a faite à ce que la religion de Jésus-Christ nous promet mystérieusement dans l'autre vie. Mais du reste elle observe, il est vrai d'une manière un peu hétérodoxe, tout ce qu'enseigne cette religion. Elle reconnaît les livres sacrés de l'ancien et du nouveau testament; et elle a pris l'Apocalypse, le plus inintelligible et le plus mystérieux de tous les livres saints, pour base de toutes les rêveries qui la distinguent.

Un d'entr'eux, réputé leur apôtre, et presque leur chef, a fait imprimer près de soixante volumes in-quarto, petit caractère, en explication de ce livre du nouveau testament. On voit par là que le fait de cette secte doit être une imagination indomptée, et que cet apôtre a dû terriblement s'identifier avec la galerie des êtres terrestres, célestes et aquatiques, qui composent ce livre. Pour lire ces explications, il faut sans doute participer de cette identification: et c'est en vain que les prédicateurs d'illumination fatiguent les oreilles de leur auditoire par des paraphrases, non sur l'Apocalypse, mais sur les soixante volumes qui l'expliquent.

Les illuminés ne seraient pas hétérodoxes s'ils n'avaient pas, à l'aide de leur imagination, fait quelque changement en opposition à l'église romaine. Leur hérésie consiste à regarder le pape comme un antechrist, et comme enseignant une fausse doctrine, par la mauvaise interprétation que lui et ses adhérens donnent au saint livre de l'évangile. Le vrai pape et vicaire de Jésus-Christ vit, selon eux, en Afrique, d'où il viendra en Europe porter une seconde rédemption, lorsqu'il sera arrivé au jour de lumière qui fera triompher son caractère; et voici comment ils ont servi la révolution.

La liberté de tout dire ayant été promulguée, dans le temps même que le comité ecclésiastique livrait ses assauts à l'église romaine, messieurs les illuminés, connus ou non connus pour tels, parlèrent hautement de leur doctrine : mais toujours avec cette même exaltation qui les distingue lorsqu'ils parlent de leurs dogmes. Jamais la religion de Jésus-Christ apostolique et romaine n'a été déchirée comme elle le fut par les illuminés.

C'est à eux que l'on doit l'idée que Mirabeau était un apôtre distingué de la nouvelle rédemption. Ils apprirent par cœur presque tout le fameux discours qu'il prononça sur la religion, après que la division de la France fut décrétée en 83 départemens, et en tout autant de diocèses. Dans ce discours, il disait qu'il irait planter la croix, ce signe sublime de la religion de Jésus-Christ, sur la cime de tous les départemens. Ce que disait alors Mirabeau n'était ni pour servir le comité ecclésiastique, ni pour plaire aux illuminés; il le disait, parce qu'il était convaincu de l'efficacité de cette religion dans un grand empire, et de sa salutaire influence sur la politique des gouvernemens, toujours trop faible lorsqu'ils ne gouvernent les peuples que par la morale contenue dans les livres simplement humains; et bien certainement, si sa carrière politique n'eût pas été tranchée, au moment où le roi était décidé à employer ses talens, jamais ni la destruction ni l'avilissement de la religion ne fussent entrés dans ses moyens de consolider la révolution.

Cependant les illuminés eux-mêmes remédiaient au mal qu'ils faisaient par leur exaltation et leur déraison, lorsqu'on les laissait parler sans les interrompre; mais ce remède opérait seulement sur ceux qui n'étaient pas des sots comme eux : et ceux-ci sont par-tout le plus grand nombre, sans parler de la facilité des Français à tout croire.

Les illuminés n'employaient jamais que le langage de la religion. Tous leurs discours révolutionnaires étaient empreints de leur bigotisme; ils avaient des mœurs au moins sévères en apparence: nous avons dit qu'ils étaient presque tous des amans malheureux, entêtés à aimer la cruelle exclusivement. De sorte qu'ils ne doivent jamais être confondus avec les martinistes. Ceux-ci, s'ils ont servi la révolution, ne l'ont pu faire que dans la dépravation du cœur, comme les sans-culottes servaient la dépravation de l'esprit.

Les bonnes mœurs en apparence leur persuadèrent à eux-mêmes qu'ils étaient plus parfaits que les autres hommes. On a quelque fondement de leur croire cette idée d'eux-mêmes, puisque les régens d'illumination ne manquaient jamais de dire à leurs élèves que, s'ils voulaient suivre leurs leçons, ils seroient bientôt aussi parfaits qu'eux, etc. etc.

Cette conviction en fit entrer un grand nombre dans le club des jacobins, afin, disaient-ils, que le choix pour les emplois tombe sur nous, et que, par notre présence, nous éloignons les perfides, qui, sans doute en opposition avec eux, devaient être les amis de l'ordre. Ils avaient sur-tout l'ambition d'occuper les premiers postes militaires.

On croira facilement qu'avec une exaltation si désordonnée, les illuminés ont donné dans toutes les sectes extravagantes ; ils furent admis aux mystères de Cagliostro. Il n'y avait peut-être qu'eux en France de vraiment mesmériens, parce que rien ne pouvait mieux servir leur imagination détraquée, que le fluide magnétique : on eût dit qu'il avait été inventé par eux, tant il était adaptable à leur folie, et tant ils l'employèrent.

Tous les élans deleur fameuse prophétesse

étaient dus à la crise magnétique qu'ils excitaient sur ses fibres sensibles; par divers moyens elle en est restée folle; elle n'était pas encore guérie de son trouble de cerveau, lorsque les Français la firent sortir de la correction inquisitoriale de Rome.

On a vu plus d'un illuminé exciter la crise magnétique à de jolies femmes, en les entretenant de leurs visions et de leurs extases, et communiquant la vertu du fluide par des contacts immédiats, selon le mode perfectionné de Delon.

Nous avons dit ailleurs que c'était la secte des illuminés qui avait sacré les intrus: c'est encore un service signalé qu'elle a rendu à la révolution.

Nous ne pouvons pas cependant laisser croire que tous les illuminés aient donné dans la révolution; car Déprémenil, qui bien évidemment était dérévolutionnaire à cause de sa qualité de conseiller de la chambre des enquêtes, n'était pas révolutionnaire: cependant il joignait à tant d'autres fausses idées celles des illuminés.

CHAPITRE XXVI.

Économistes.

Les économistes ont servi la révolution dans ses détails, parce qu'on a mal interprété leurs ouvrages, ou qu'ils n'ont pas été assez clairs pour être généralement compris.

Le but de la secte des économistes était la réforme des abus, d'après des principes d'économie, et non un désordre total. Mais le renversement était une conséquence absolue de l'impolitique de leurs réformes; ils étaient moins philosophes que spéculateurs, et plus banquiers qu'observateurs; sans quoi ils eussent mieux marié leurs principes d'économie avec la majesté du trône et la sûreté royale et nationale.

Trop souvent ils confondirent suppression avec réforme : c'est ce qui a laissé toutes les portes ouvertes à la malveillance et à l'esprit désorganisateur.

Les économistes n'étaient point des hommes méchans; ils formaient une secte estimable par sa probité et la pureté de ses intentions; mais ils avaient trop souvent le défaut de guérir le mal par l'amputation. Ils réduisirent un corps qui était encore très-robuste à un état d'impuissance si parfait, qu'à l'époque de la révolution, le roi n'avait plus ni majesté, ni dignité, ni moyens de se défendre.

Personne ne rougissait d'être économiste en France; c'était un ton que de se dire de cette secte. La maladie avait gagné la cour et la ville; le roi était économiste, écolier de M. Turgot. Les affaires vont mal, dans un état, lorsque les gouvernans ont les goûts des simples gouvernés, qu'ils se contentent d'avoir leurs vertus et leurs qualités : bientôt la magie disparaît, on ne voit plus que l'homme, le respect et l'estime s'enfuient, et la licence remplace tout.

Les économistes avaient une correspondance établie dans tout le royaume, laquelle n'était pas suspecte au gouvernement; elle servit admirablement à la circulation des nouveaux principes, soit pour électriser les assemblées primaires, soit pour former l'esprit révolutionnaire dans le temps de l'assemblée nationale; mais il y a loin de ce service rendu à la révolution, comme moyen, à la qualité de cause que bien des écrivains lui accordent.

CHAPITRE XXVII.

Francs-Maçons.

Il y a des hommes qui ne sont pas sans talens, et qui s'entêtent à vouloir attribuer la révolution de France à la franc-maçonnerie. On ne peut les excuser qu'en disant que, s'ils sont observateurs, ils n'ont que la science moyenne des observations; s'ils sont atteints de l'esprit de parti, c'est de la manière la plus profonde, et la plus aveugle

La franc-maçonnerie est une société dont le but était la charité fraternelle. Elle se soutenait, sans donner nul ombrage aux gouvernemens, par son amalgame avec la partie relâchée de la doctrine d'Épicure. Sa longue existence est due à une chère délicate, et à d'autres plaisirs rien moins que révolutionnaires.

Mais les francs-maçons avaient des signes convenus entre eux, des loges disposées pour les assemblées, et une correspondance que le gouvernement, en France, n'interceptait jamais, parce qu'elle n'était pas dans un esprit porté au trouble et au désordre. Cependant c'est par ces trois moyens, que les francs-maçons ont servi la révolution. On avait besoin d'une voie prompte pour faire circuler les nouvelles opinions qui naissaient journellement; leur mode de correspondance fut tout prêt : on voulait que les chefs de la propagande se parlassent un langage inconnu, au moins à la foule; les signes maçonniques servirent jusqu'à un certain point : il fallait avoir des lieux pour la prédication, et pour la dispersion de la doctrine; les loges furent des écoles propices. Tout cela est vrai, a pu exister et a existé en effet matériellement, puis qu'une fois que ces trois moyens furent à la disposition des révolutionnaires, les loges perdirent les frères aussi indistinctement et passivement, qu'elles recevaient les non frères, qui étaient révolutionnaires, indistinctement et activement. Donc le fait de la maçonnerie n'était pas la cause du fait révolutionnaire. C'était un moyen qui fut pour un temps, il est vrai, de quelque utilité, mais qui fut abandonné lorsque les sociétés populaires, s'agrandissant, convertirent les églises en salles révolutionnaires. Depuis lors, on n'a plus entendu parler des francs-maçons.

Il est si vrai que c'est une erreur de leur attribuer la révolution, que les loges qui existaient dans les pays contre-révolutionnaires continuent leur exercice, sans qu'on les soupçonne de révolution. L'institut a été si peu offensé par la nouvelle doctrine, que si, à la faveur des signes, un frère contre-révolutionnaire rencontre un frère révolutionnaire, toute abstraction faite d'opinions politiques, le but de la maçonnerie est rempli.

Il serait peut-être possible de prouver que la maçonnerie en soi, si elle était entrée activement dans la révolution comme cause, ou l'eût empêchée, ou lui eût donné une autre forme, parce qu'il est bien sûr que, dans cette société, il y avait plus de frères qui se sont trouvés dans l'opposition, que de ceux qui sont devenus révolutionnaires.

CHAPITRE XXVIII.

Le Tiers.

SAIT-ON ce que c'était que le tiers en France? Le tiers était, sous tous les rapports, l'ame de la nation française. L'a-t-on su, le savait-on, avant les états-généraux? Oui; mais on lui refusait l'amour-propre et le sentiment de soi-même. Les détails dans lesquels nous allons entrer prouveront ces deux propositions jusqu'à l'évidence; et, sans les secours de notre logique, on conclura facilement que cette partie de la nation française, a été cause active et passive de la révolution, cause positive et négative du renversement de la monarchie, de l'établissement des divers gouvernemens éphémères qui lui ont succédé, en un mot, cause première et cause seconde de tout le mal qui désole l'Europe, de tout le bien dont jouissait la France, et de tout celui dont elle jouira aux dépens d'une trop fâcheuse expérience.

Semblable à l'air qui pénètre tous les corps, le tiers donnait en France l'existence et la forme à tout. La même où le clergé épiscopal et la noblesse donnaient fastueusement leurs noms, ce n'était que pour la forme, le tiers faisait encore tout; comme, par exemple, dans les ambassades, dans le ministère, dans les gouvernemens, et dans le commandement des armées. Suivons-le pas à pas, il va nous faire passer en revue tous les corps, toutes les corporations, toutes les sociétés, toutes les institutions; il nous fera voir que sa carrière était universelle. Il occupait tout l'intervalle qui se trouvait entre la charrue et le trône.

Lorsqu'un ministre, ou un secrétaire d'état, n'était pas un tiers ou un ex-tiers, c'était presque toujours un prête-nom. Les chefs de bureaux, tiers ou ex-tiers, faisaient tout. Celui-là seul l'ignore qui ne connaissait pas Versailles.

Les finances de l'état étaient administrées par le tiers.

Toutes les cours souveraines étaient composées de tiers; et, quoique pussent inventer les ex-tiers qui ocoupaient les fleurs de lis, pour faire regarder les parlemens comme des compagnies de nobles, ils ne purent jamais faire oublier que tel exercice déterminé de cette haute magistrature donnait la noblesse. C'était donc le tiers qui rendait la justice dans tout l'empire, en premier comme en dernier ressort.

Le tiers ne composait pas toute l'armée; mais qu'on ouvre un almanach militaire, et l'on verra qu'il formait la majeure partie des officiers des corps facultatifs, comme du génie et de l'artillerie.

Dans la marine, le tiers ne commandait pas, mais il tenait le timon, et les officiers bleus, dans la guerre de l'indépendance de l'Amérique, prouvèrent qu'ils savaient commander.

C'était le tiers qui était le protecteur de la veuve, de l'orphelin et du pauvre, le défenseur de l'opprimé, le patron de toutes les classes et du roi lui-même, aux pieds de la justice.

Les ducs, les comtes, les marquis, étaient ambassadeurs : mais c'était le tiers qui tenait les fils de la diplomatie dans les bureaux de Versailles, et dans les postes de secrétaire d'ambassade.

Si la France regorgeait des productions de l'art et de la nature qui naissent sous d'autres ciels, c'était le tiers qui les attirait par le commerce; c'était encore lui qui avait enrichi la France, le monde entier de tous ces bons livres qui en donnent la théorie.

Les créateurs, les propagateurs, les multiplicateurs des manufactures, les auteurs des meilleurs ouvrages qui leur sont relatifs, étaient tous du tiers.

L'avancement et la perfection de l'agriculture, toutes les nouvelles théories, et toutes les nouvelles pratiques, étaient l'ouvrage du tiers.

C'était le tiers qui peuplait les académies des arts.

Le tiers lui seul consacrait ses veilles, et sa propre santé à la santé de ses concitoyens.

Que de professions, nobles par elles-mêmes, étaient dédaignées par la noblesse! Mais ce dédain était un aveu formel que les nobles reconnaissaient que, pour être digne de ces professions, il fallait être tiers.

Le clergé gallican, qu'on eût bien mieux fait de laisser dans son unité, en distinguant seulement la section épiscopale de la section presbytérale, au lieu de cette division sans fondement en premier et second ordre, ou de cette autre division offensante en haut et bas. Le clergé de France n'était-il pas composé de tiers? Les vicaires généraux travailleurs, les prédicateurs, ceux qui arrivaient en foule aux fauteuils académiques, ceux qui remplissaient tant de chaires des universités et des colléges, ceux qui, à travers ces instituteurs grossiers qui avaient besoin d'être éduqués eux-mêmes, faisaient des bons évêques, des magistrats illustres, des grands généraux d'armées, des hommes d'état célèbres? n'étaient-ils pas, et ne sont-ils pas le tiers en personne?

Qui occupait les fauteuils des académies et des sociétés littéraires? N'était-ce pas le tiers qui était en possession du sacerdoce de ces sanctuaires de la science et de l'art? Les nobles et les évêques y siégaient-ils autrement que comme des lévites?

A qui sont dus, sinon au tiers, cette foule de bons ouvrages de philosophie, de science, d'arts, d'histoire, d'économie publique?

Qui, plus que le tiers, peut se dire auteur des découvertes, des inventions, dans les sciences comme dans la mécanique?

Ce que nous venons de rappeler n'était point un mystère en France, c'était le secret de tout le monde. Chacun savait donc que le tiers pensait, que le tiers savait manifester ses idées, que le tiers savait comparer, que le tiers savait rendre la justice, que le tiers savait gouverner, que le tiers savait distinguer entre un homme et un homme, que le tiers était en état de donner à chacun sa place. Cependant le gouvernement et la noblesse le traitaient comme s'il avait ignoré quel était le genre de poste universel qu'il occupait, comme s'il n'eût point eu d'amour-propre, et comme s'il n'eût pas eu le sentiment de soi-même.

Si on l'employait en chef dans la diplomatie, c'était obscurément auprès de quelque prince impuissant, ou auprès de quelque ville libre.

Si on ne lui fermait pas la porte du ministère, c'était en l'obligeant à deux hontes, à celle de cesser d'être tiers, et à celle d'être nouveau noble.

Si on ne l'éloignait pas absolument de l'épiscopat, à peine y arrivait-il un de ses membres dans le cours d'un siècle.

Avant que M. de Ségur l'eût, par le droit, chassé de l'armée, son mérite devait être plus intrépide pour disputer les premiers grades à la noble ignorance titrée, que pour enlever des provinces à l'ennemi.

Le tiers pénétrait peu dans la marine; mais c'était par le fait : l'humiliation était matérielle : M. de Castre voulut la rendre formelle par son chef-d'œuvre des ordonnances.

Les nouveaux nobles des parlemens, oubliant qu'ils étaient des ex-tiers, ne voulaient plus admettre parmi eux que des nobles, de sorte que le tiers était chassé de ces compagnies, par le fait d'une classe qu'il composait comme ex-tiers, et d'où aucune loi ne l'excluait. Il fallait, pour jouir de son droit, qu'il rougît d'être tiers, pour ensuite rougir d'être nouveau noble.

Ce n'était pas tout que de créer des chapitres nobles avec des fonds que le tiers, comme administrant les finances, faisait arriver au trésor public; il fallait encore déclarer nobles les chapitres roturiers, et en exclure le tiers. Le gouvernement se prêtait à ces usurpations.

La partie du tiers qui possédait la philosophie possédait aussi la pauvreté; la partie de la nation qui possédait l'ignorance possédait aussi les richesses ou l'orgueil. Celle-ci traitait l'autre en valet.

A qui demanderons-nous si cela pouvait continuer, qui ne réponde qu'on touchait à la dernière extrémité, puisque le gouvernement et la noblesse ne se reconnaissaient plus eux-mêmes, et que c'était en vain qu'ils refusaient au tiers le sentiment de soi, que celui-ci sentait s'irriter à chaque instant? N'était-il pas naturel que l'excès de savoir culbutât l'excès d'ignorance, et triomphât?

Nous voilà arrivés au moment où le tiers, qui avait toujours eu raison, abusant de ses talens, se laissa emporter par ses avantages positifs et négatifs, et cessa d'être lui-même. Il tomba dans le délire le plus extravagant. Dans cet état, on l'a vu dépasser toutes les limites de la morale, de la philosophie et de la raison, renverser et fouler aux pieds tous les principes, confondre tous les droits, détruire les lois et la justice, substituer aux dogmes de la philosophie et de la religion les égaremens de la folie sous le nom de la raison, enfin perfectionner dans la pratique, l'infernale théorie de la barbarie, qui, jusqu'alors, n'avait été connue et exercée que par des individus, mais qui alors prit en France un caractère faussement national.

Le tiers n'arriva cependant pas tout d'un coup au comble des iniquités; son début dans les états-généraux, même dans les discussions sur l'opinion par ordre ou par tête, où se développèrent tant de talens inconnus à l'univers et à la France elle-même, fut brillant sous tous les rapports. On vit s'élever, du sein de cette assemblée, une colonne majestueuse de science et d'éloquence, qui semblait présager le bonheur de la nation. On n'eût même pas soupçonné, dans les commencemens, que jamais elle eût pu se transformer au point de répandre sur le sol de la France, et sur toute l'Europe, et sur toutes les parties du monde, toutes les calamités connues et inconnues.

Le tiers devait naturellement desirer de triompher de l'oppression et de l'injustice qu'il éprouvait; mais il trouvait vengeance et satisfaction dans la suppression des abus. Celle-ci eût opéré l'anéantissement de toutes les exemptions, de tous les priviléges et de toutes les exclusions qui blessaient ses intérêts et son amour-propre. Une réforme qui eût pu le mettre subitement en possession du fruit de toutes les suppressions qu'il se croyait en droit d'exiger, l'eût fait aussitôt retourner à ses foyers respectifs, content et heureux.

Mais le gouvernement fit la faute de n'être pas en mesure contre l'audace de quelques malveillans ; sa demi-résistance irrita, et sembla promettre des succès ; ce qui n'était qu'opposition devint parti ; chacun des partis eut peur un moment : mais bientôt le parti du tiers, prenant des moyens violens, réduisit l'autre au silence. La terreur panique dont celui-ci fut saisi dans la nuit du 13 au 14 juillet, lorsque Wempfen, Noailles et d'Ormesson, rendirent un compte exact de la mort du prévôt des marchands, et du gouverneur de la Bastille, fut un accès dont ce parti, appelé depuis le côté droit, ne put jamais guérir ; l'inviolabilité même ne put lui restituer la vraie liberté de représentant de la nation. Ce fut cette terreur panique qui le jeta dans ce délire extraordinaire de la nuit du 4 août, où le clergé et la noblesse s'ensevelirent à l'envi l'un sur l'autre, et firent crouler sur eux la monarchie elle-même. Les débris du trône, mêlés et confondus avec ceux de ces deux ordres, n'offrirent plus dès-lors qu'un amas déplorable de décombres, sur lequel les factions du tiers ont successivement exercé leur férocité et leur rage.

Ce n'était plus alors ce tiers qui, avant la réunion des chambres, disait qu'il était appelé pour prendre autant les intérêts du clergé et de la noblesse que les siens propres. Ce ne fut plus ce tiers qui, par sa science profonde, et sa brillante éloquence, éblouissait l'univers; tous ses talens furent absorbés par une vengeance démesurée, et par une ambition aveugle, qui le transformèrent en horde d'antropophages qui dévorèrent ceux qui les entouraient, et finirent par se manger entre eux. Cet état de violence eut son terme; le tiers eut horreur de ne plus respirer que l'odeur du sang, de ne plus voir que des objets teints de sang, et d'être sans cesse couvert de sang; la honte le jeta dans le désespoir, et la faction barbare vengea la nature humaine de la faction elle-même; Roberspierre fut porté presque mort sur l'échafaud, pour y expirer sous la guillotine.

Ceux qui firent justice de cet exécrable monstre, continuant de régner, cherchèrent à couvrir les taches de sang qu'ils avaient sur la peau, en se cachant sous le manteau de la modération : les uns de bonne foi, les autres par feinte, mais conservant toujours dans leur manière de gouverner l'esprit désastreux qui caractérise les factions; jusqu'à ce qu'enfin, les rênes du gouvernement leur ont été ôtées de force, par un homme qui n'a eu aucune part aux horreurs et aux iniquités; qui, depuis vingt mois, montre une modération qu'aucune espèce de violence n'a tachée. Il est seul dans sa cathégorie, comme il est unique dans ses moyens de fonder un gouvernement. Les confiscations, les sentences de mort et de proscriptions arbitraires, firent toujours des hommes célèbres, à qui on peut le comparer, des tyrans effroyables, avant qu'ils eussent droit à la reconnaissance publique. Bonaparte n'a encore prononcé aucune sentence de mort pour délit politique antérieur à son élévation; il ne confisque point, il rappelle les proscrits. Il dépassa Jules-César le jour qu'il arriva au consulat; comme César, il n'était point à la tête d'une armée, comme César, il n'était pas un de ces patriciens illustres et puissans, dont l'existence éclipsait le faste et la pompe des rois; comme César dans Rome, il n'avait pas dans Paris un parti dominant. Le grand parti modéré en France était dans les sections; il les avait battues. L'horrible commencement du règne d'Octave empêchera toujours qu'on puisse en tout le comparer à Auguste. Bonaparte fait mieux en grand, en France, ce que Médicis fit en petit en Toscane.

CHAPITRE XXIX.

Clergé de France.

Cet ordre, par une succession d'abus, par effet des faiblesses de l'humanité qui n'étaient pas incompatibles avec le sacerdoce, et par une distribution inégale de ses biens, présentait aux yeux de l'observateur, au centre de son unité, des divisions et des subdivisions qui ne manquaient pas de lui nuire, et quant à la religion, et quant à la politique.

Il s'était établi de telles lignes de démarcation parmi ses membres, qu'en général les curés étaient en guerre avec les évêques. Les gros bénéficiers méprisaient les petits; les cathédrales regardaient avec hauteur les collégiales; et tous les chapitres, étant composés de différens corps également titulaires, étaient en procès, depuis le le premier jusqu'au dernier jour de l'année, sur leurs devoirs respectifs, sur les honorifiques, et sur les rétributions.

La division du clergé en premier et second ordre, en haut et bas, était déjà irrégulière; mais celle qui existait par le fait avait bien d'autres inconvéniens: c'est celle-ci qui l'a détruit.

On se demande comment put se faire, au milieu de la France, la destruction d'un clergé composé de Français. Ce fut par un acharnement contre cet ordre de la part de la noblesse et du tiers, qui ne supposait ni principes de religion, ni principes de politique, ni lien du sang, ni rapports d'amitié, ni intérêt de société particulière et nationale.

Le clergé était composé de fils, de frères, de cousins, de neveux, des nobles et du tiers; mais, au carnage qu'on en fit, on est autorisé à croire qu'on les prit pour des Lapons et des Cochinchinois, qui, depuis deux mille ans, chariaient hors de France les richesses de l'église.

Les deux ordres mariés oublièrent entièrement le genre d'intérêt qui les liait à l'ordre célébataire.

On ne pouvait faire qu'un seul reproche au clergé de France en matière de religion et de discipline ecclésiastique, c'était le népotisme; mais était-ce à des neveux, enrichis des économies des oncles, à relever cette faute, et à la punir de la mort due aux tigres?

Les décrets iniques qui furent faits contre le clergé furent l'ouvrage de l'aveuglement et des transports frénétiques de la fièvre de la liberté et de l'égalité. Leurs effets sont sans remède. Il est inutile de les attaquer; mais il y a des décrets qui furent faits dans des momens plus calmes, et qui supposent plus de justice : ceux-là doivent fixer notre attention.

Ainsi, ceux qui prononcent des indemnités, ceux qui assurent aux non jureurs une partie de leur revenu, et ceux qui confessent que les déportés doivent être entretenus sur le territoire étranger, avec leurs pensions d'indemnité et leurs revenus patrimoniaux, nous mènent naturellement à examiner les droits politiques et civils du clergé de France, après la perte de ses droits ecclésiastiques.

La situation du Français ecclésiastique dépouillé, envers la nation, est celle d'un citoyen qui réclame des droits imprescriptibles, en vertu d'un pacte passé entre lui et la nation, lequel pacte, encore que tacite, n'en est pas moins authentique et solennel.

Par ce pacte, un homme qui s'est fait ecclésiastique a promis à la nation, qui reconnaissait une religion privilégiée, de se consacrer à cette religion, et de renoncer aux avantages du monde ; c'est-à-dire, qu'il a sacrifié ses droits aux douceurs du mariage, au commerce, aux emplois civils, militaires et judiciaires. En conséquence, il a pris dans cette religion privilégiée et exclusive, des engagemens légitimes avec elle, avec Dieu et envers la nation : engagemens que la nation ne peut illégitimer par aucune loi, et dont l'ecclésiastique ne peut se délier par aucun moyen. Il a fait cette promesse, en stipulant que la nation lui accorderait une protection relative à ses devoirs, et lui garantirait une existence

D'après un tel pacte, un ecclésiastique ne peut jamais être privé de l'existence qui lui a été assurée, dans quelque circonstance que la nation puisse se trouver. Seulement la nation a le droit de changer de moyen de le faire jouir de sa subsistance; mais elle n'a jamais celui de l'en frustrer, lors même que cette religion serait éclipsée par une autre, ou qu'elle éprouverait des mutations locales, qui blesseraient les engagemens de l'ecclésiastique, parce que ces engagemens font partie du pacte.

La nation française a-t-elle satisfait à ses obligations? Non; elle a reconnu le principe en général, puisqu'en confisquant les biens du clergé, elle a prononcé des indemnités en faveur des usufruitiers; mais elle n'y a pas satisfait selon la lettre du pacte.

La reconnaissance du droit d'indemnité, lorsqu'elle n'est tombée que sur les usufruitiers, n'a rempli qu'en partie l'intention du pacte, parce que l'indemnité était également due à celui qui déjà avait des engagemens indissolubles, et qui était appelé successivement à l'usufruit; son pacte avec la nation était le même que celui de l'usufruitier, et, comme lui, il avait irrévocablement rempli les conditions qui lui étaient relatives.

La nation n'a pas satisfait aux conditions du pacte, lorsqu'elle a exigé de la part des ecclésiastiques, des actes qui n'y étaient pas inclus, et qui en détruisaient certaines dispositions. Par exemple, le pacte portait que cet ecclésiastique serait ministre de la religion romaine; la nation n'avait pas le droit de le retirer de cette communion, ou de le forcer à en sortir par des peines quelconques. Par ce pacte, l'ecclésiastique s'était condamné au célibat. En conséquence, il avait pris avec Dieu, avec l'église, et avec les fidèles, des engagemens qu'il ne dépendait pas de lui de rompre. La nation ne pouvait donc pas exiger qu'il reconnût que ces engagemens étaient rompus, pour lui ou pour ses semblables.

Or, si la nation n'a pas pu manquer au pacte dans ces articles, encore moins a-t-elle pu faire perdre à l'ecclésiastique le droit qu'il avait à la subsistance, en vertu de ses sacrifices positifs et négatifs. Ce droit est pour lui imprescriptible, parce que la nation s'était privée, par le pacte, de la faculté de rendre à l'ecclésiastique ses sacrifices, en exigeant de lui un engagement dans une religion privilégiée qui l'empêchait de les reprendre.

Ainsi donc la nation ne peut pas répondre que

tout ecclésiastique pourra se marier, faire le commerce, sera apte à tous les emplois civils, militaires et judiciaires, parce que, par le pacte, il était convenu que jamais celui-ci ne pourrait rentrer dans le droit de reprendre ce qu'il avait abandonné, à cause qu'il faisait cet abandon d'une seconde manière par la promotion au sacerdoce.

Du reste, cette obligation de la part de la nation, et ce double droit de la part de l'ecclésiastique, étaient dans la nature autant que dans la justice relative. Peut-on dire à quelqu'un : Abandonnez votre profession, dans laquelle vous avez un long exercice, et prenez-en une autre ? La nature, en divisant la vie de l'homme en diverses périodes, n'a-t-elle pas établi une manière de perdre le droit au mariage que nulle loi ne peut rendre ? Les autres sacrifices sont également d'une espèce impossible à restituer. N'est-t-il pas inutile de dire à un prêtre : Devenez marchand, négociant ou banquier, puisqu'il n'a point de fonds ? Soyez militaire ou juge, puisqu'il n'a jamais étudié ces professions? Encore que la nation aurait droit de le dire, cette restitution n'en détruit pas moins le pacte, puisqu'elle devient illusoire par le fait.

Voilà pour les causes résultantes du pacte : voyons les droits résultans des effets.

La renonciation et les sacrifices de l'ecclésiastique n'ont pas été des actes purement passifs; ils ont profité positivement et négativement à la société. 100,000 prêtres eussent pu faire 100,000 mariages avantageux qui sont restés à faire en général à leur parens; 100,000 prêtres mariés eussent fait des gains dans le commerce, par eux ou par leurs enfans, qu'ils ont laissés à leurs frères; 100,000 prêtres eussent rempli 100,000 postes dans le civil, le militaire et le judiciaire, qu'ils ont abandonnés à d'autres individus.

L'ecclésiastique supprimé a donc droit, sous tous les rapports, à une subsistance administrée par la nation elle-même; et non seulement l'usufruitier a droit à cette subsistance, mais encore celui qui n'avait que le droit à l'usufruit. Il n'y a aucune révolution, aucune variation de gouvernement, qui puisse leur faire perdre ce droit, lorsque les autres classes de l'état rentrent dans l'exercice de leurs facultés relatives.

CHAPITRE XXX.

La Noblesse française.

Les prérogatives de la noblesse de France se bornaient depuis long-temps aux honorifiques, et à certaines exemptions. Dans les derniers momens de l'existence de la monarchie, il plut à deux maréchaux de France, l'un ministre de la marine, et l'autre ministre de la guerre, d'enrichir leur département respectif d'une ordonnance, qui créait un droit pour la noblesse, et portait le cachet de l'ignorance; ils étaient vieux et ministres, et ils ne savaient pas à quel degré s'étaient élevés, depuis vingt ans, la science, le sentiment de soi-même et l'orgueil de la roture en France.

M. de Cast.... fit une ordonnance de marine qui créa deux classes dans ce corps; la première ne devait être composée que de nobles; la seconde donnait accès à la roture, mais dans des limites si rétrécies, pour les récompenses et l'avancement dans les emplois, que, si la division du corp en deux classes n'avait pas été déjà trop insultante, cette mesure suffisait pour dégoûter tous les talens, que M. de Castr.... trouvait mauvais que la nature fît naître hors de la noblesse.

Cette ordonnance parut à-peu-près dans le temps que la roture se plaignait de l'injustice qu'on avait faite aux officiers de la marine bleue, après avoir accepté leur service dans la guerre de l'indépendance des colonies anglaises, on les renvoya sans grade et sans uniforme. Le talent, la science et l'orgueil supposent sensibilité et vengeance : le roturier, ainsi humilié, s'en est souvenu lorsque ces deux conseillers-d'état et ministres n'ont pas su, ou n'ont pas pu empêcher la convocation des états-généraux.

M. de Ség...., voulant sans doute faire quelque chose qui signalât son ministère, s'avisa d'exiger la noblesse pour être admis parmi les officiers de l'armée. Il est bon de remarquer qu'il suffisait d'ouvrir un almanach militaire pour se convaincre que la roture n'avait pas déshonoré l'armée, tant elle occupait des postes éminens et distingués, et tant elle avait obtenu de grades et de décorations, qui supposaient et le talent et le service. Cependant l'esprit de désorganisation surabondait de telle manière dans le cabinet du roi, que l'on vit sortir cette fameuse ordonnance qui eût pu être suppléée, dans le cas où on n'eût été qu'impolitique, par un simple billet aux colonels : on leur aurait secrètement insinué de répondre constamment, à ceux qui demandaient des postes dans l'armée, que le roi y avait pourvu, lorsque le demandeur n'était pas noble.

A-t-on pu croire qu'une insulte si manifeste et si authentique pouvait être pardonnée? Tout au plus la classe insultée ne s'attendait pas qu'on l'appellerait si tôt à exercer sa vengeance.

La noblesse française se divisait en noblesse simple et en noblesse de qualité; la différence intrinsèque qu'il y avait entre l'une et l'autre, consistait en ce que celle-ci, lorsqu'elle ne supposait pas ancienneté, supposait illustration; et celle-là, lorsqu'elle n'était pas ancienne, supposait richesse. Elles étaient depuis long-temps ennemies l'une de l'autre; mais celle de qualité avait toujours écrasé la noblesse simple. M. Nek....r servit admirablement celle-ci dans l'édit de convocation des assemblées primaires, lors même qu'il ne voulait pas plus ménager l'une que l'autre.

La chambre de la noblesse surabonda de nobles simples; ceux de qualité furent éclipsés autant par le nombre que parce que ceux-ci avaient plus de talens. L'opprimé est plus actif, plus vigilant, plus studieux que l'oppresseur, sur-tout lorsque celui-ci se repose sur l'hérédité des talens. Cependant le tort que les uns avaient eus dans un temps, les autres se le donnèrent alors; ils se trouvèrent au pair dans leurs comptes; et, au lieu de se soutenir lorsqu'ils n'avaient pas pu se culbuter, on les a vus s'entre-détruire.

Autant par leurs faits mutuels que par le fait de la vengeance du tiers, il n'est pas plus question aujourd'hui de noblesse en France, que s'il n'y en avait jamais existé.

Sa destruction a été une conséquence du renversement de l'ancien gouvernement et des antiques préjugés ; de l'établissement d'une nouvelle doctrine philosophique par des voies et des moyens qui l'ont défigurée, rendue horrible et odieuse: mais il faut avouer, à la louange de cette noblesse, qui au fond ne faisait aucunement partie du gouvernement, que, de toutes les noblesses de l'Europe, c'était celle qui méritait le moins le sort qu'elle a subi. Où trouve-t-on ailleurs qu'en France la popularité de ces nobles qui habitaient le fond des provinces? Depuis qu'ils n'exerçaient plus de droits féodaux sur les personnes, cet esprit tyrannique, qui avait été reprimé, avait été remplacé par un esprit opposé: on cite les exemples des seigneurs qui n'étaient pas, auprès du roi, les protecteurs de leurs municipalités, et de tous les habitans de leurs seigneuries et fiefs.

Le concours d'intérêts entre les vassaux et le seigneur a quelquefois détruit l'harmonie entre eux ; mais c'était moins par leurs qualités, dont l'une pouvait peser sur l'autre, que parce que les hommes ne savent pas s'accorder lorsqu'ils ont des intérêts communs.

Pour détruire cet ordre, ce que l'on pouvait faire sans le calomnier, puisque sa destruction suivait, comme incident, le renversement total de l'édifice monarchique, on a relevé les torts particuliers de certains nobles; on les a appliqués à tout le corps; on a aigri le peuple contre tous les nobles indistinctement: de là naquit cette fâcheuse émigration qui a eu tant de suites déplorables, lesquelles font bien plutôt gémir sur l'aveuglement humain, que sur la méchanceté de cette noblesse.

Si elle eût été aussi méchante qu'on le disait, elle n'eût pas émigré, une partie par ton, l'autre par faux-préjugé. Elle n'eût pas sur-tout été montrer à tout l'univers qu'elle avait tort de se dire contre-révolutionnaire, lorsqu'elle n'était en effet que dérévolutionnaire.

Ce qu'on peut avancer de la monarchie française, c'est-à-dire, que son gouvernement était celui de toute l'Europe qui méritait le moins le renversement, on peut le dire aussi de sa noblesse, relativement aux noblesses des autres pays. Mais s'il est faux que la mesure des torts des nobles fût pleine, il est vrai aussi que la mesure des talens du tiers versait depuis trop long-temps sur la noblesse; celle-ci a dû en être inondée, et se noyer, comme nous le voyons évidemment. Il est malheureux que ce n'ait pas étépar des voies et des moyens plus justes et plus dignes d'un ordre et de l'autre.

Cette noblesse avait ses manies, ses petitesses, ses ridicules, ses tons, ses mal-à-propos ; mais nous ne pouvons pas les relever: on doit s'être apperçu que le plan de notre ouvrage exclut tous les torts qui supposent trop l'absence de l'esprit et du talent. Cependant nous ne pouvons pas nous empêcher de parler d'une de leurs célèbres erreurs, quoiqu'elle tînt à une passion irrégulière. C'était la jalousie des aînés contre les cadets, qui possédaient les gros bénéfices du clergé. Cette jalousie fut cause que la noblesse qui possédait non seulement tous les bénéfices consistoriaux, à une vingtaine près, tous les gros bénéfices simples, presque toutes les dignités, et les gros canonicats des chapitres, et même les grosses cures, tomba dans une telle inconséquence, que l'on peut dire que l'ennemi le plus direct du clergé était la noblesse. Si nous en disions davantage, on nous accuserait d'insulter les morts.

CHAPITRE XXXI.

Les Parlemens.

Cette antique institution, qui avait si souvent changé d'existence, de devoirs, d'attributions, et de formes, en conservant cependant toujours le même nom, s'est enfin ensevelie elle-même sous les débris du trône et de toutes les institutions monarchiques.

Il n'entre pas dans notre plan d'attaquer ces illustres compagnies sur leurs antiques et illusoires prétentions de former dans l'état un quatrième ordre, et d'avoir part active, en cette qualité, dans les états-généraux; d'être un corps intermédiaire constitutionnel entre le peuple et le roi, puisque chacun sait que, quand leur résistance déplaisait, elle devenait nulle par le fait de l'exercice de l'autorité royale, ou par le fait du despotisme ministériel.

Leur rôle depuis long-temps se réduisait à être les dépositaires de toutes les lois quelconques, et à rendre la justice souverainement et en dernier ressort.

Si on leur permettait des remontrances, c'était plutôt comme réunissant à leur poste de gardiens des anciennes lois, celui de censeurs officieux des nouvelles, que comme parlement ayant conservé une existence politique dans l'état: ce droit de remontrance pourrait plutôt être mentionné comme pour faire l'éloge de la modération du gouvernement royal, qu'on a tant accusé de despotisme, que pour prouver que le parlement avait la qualité intrinsèque de corps politique, existant par soi, et faisant partie de la monarchie française, comme le roi et le peuple.

Nous considérons les parlemens tels qu'ils étaient en 1787. Le rôle qu'ils avaient joué dans les états-généraux de 1614, quoiqu'ils fussent eux-mêmes bien convaincus qu'il était inconstitutionnel, était regardé par eux comme un droit pour les faire arriver à d'autres états-généraux, avec la qualité d'ordre séparé du tiers et de la noblesse. En conséquence, le mot d'états-généraux était continuellement dans leur bouche, aussitôt qu'il s'agissait de lois fiscales, et d'édits bursaux.

Les parlemens étaient pleins d'hommes de talent, et d'hommes vieillis dans une école où l'on pouvait étudier le cœur humain; cependant ils ne surent pas s'appercevoir que depuis vingt-ans la pyhsionomie de la masse de la nation française, qu'on appelait le tiers ou la roture, avait entièrement changé: encore moins avaient-ils prévu les effets que pouvait produire l'élasticité du fluide scientifique dont il était pénétré, si une fois on le mettait en commotion. Le mérite du tiers, comprimé depuis tant de temps, était gros d'ambition et de vengeance; les parlemens eussent dû le savoir; et ne pas demander les états-généraux.

Le défaut de cohérence, qui détruisait l'unité monarchique en France, avait pénétré dans ces compagnies; la division en chambres y avait créé un vrai parti d'opposition, qui fut dangereux lorsque, la nouvelle philosophie ayant pénétré dans la tête des parlementaires, les chambres des enquêtes et des requêtes se trouvaient réunies à la grand'chambre, dans les assemblées générales de ces compagnies.

Les chambres inférieures étaient continuellement en opposition avec la grand'chambre; les membres de celles-là étaient en général jeunes, et encore pleins des principes de républicanisme dont on les avait nourris dans les colléges; les membres de celle-ci, étaient en général avancés en âge, et leur maturité ne manquait pas, dans les occasions ordinaires, de modérer l'impétuosité des jeunes gens : mais lorsque la bombe de la fausse philosophie, pleine des erreurs des économistes, de la vengeance des protestans, de l'ignorance du cabinet du roi, étant prête à éclater, la grand'chambre de Paris se laissa persuader de sacrifier le parlement à un autre tribunal souverain, appelé cour plénière, qu'elle devait exclusivement composer: dès lors le parlement devînt une simple corporation, dont les membres, jaloux les uns des autres, n'appercevaient plus les intérêts communs, pourvu qu'ils se vengeassent et qu'ils se satisfissent.

De cette désunion dans le parlement de Paris, naquirent toutes les inconséquences qui ont signalé ensuite, non seulement ses actes, mais même les actes de tous les parlemens du royaume. Il y avait un parti révolutionnaire, évident dans tous les parlemens; ce qui fit acquérir à leurs arrêtés tant de caractères contradictoires, et toujours portant le sceau de la crainte, qu'ils conservèrent jusqu'à leur anéantissement, et dont n'a pas été garantie leur dernière protestation.

On sut, en France que les parlemens avaient fait des protestations contre l'assemblée nationale, et sur-tout contre les décrets de leur anéantissement: mais on sut aussi qu'ils n'avaient eu que le courage modeste de les signer secrètement, et de les consigner à quelque obscur dépositaire. Tous les parlemens, après celui de Paris, ont excité le même degré de dégoût, excepté celui de Toulouse, qui rendit sa protestation publique, et à qui on doit donner la palme sur toutes les autres compagnies, ses semblables. Ce parlement est le seul qui soit mort les armes à la main, avec la conscience de soi-même, lui seul peut se vanter d'avoir résisté, lui seul a fait une mort de corps.

La chambre des vacations du parlement de Rennes, ayant à sa tête M. de la Houssaye, mérite aussi que l'on rappelle son courage : mais ces deux exemples ne forment que des exceptions ; et rien ne peut empêcher qu'aux yeux de l'observateur tout paraisse et tout doive céder au torrent révolutionnaire, lorsque les compagnies les plus distinguées par leur talent, leur expérience, et leur savoir, et l'on peut ajouter les seules de qui on dût et l'on pût attendre du courage, de la fermeté, et l'invocation des vrais principes, ont poussé au désordre passivement et activement.

CHAPITRE XXXII.

États-Généraux.

Laissant à part les causes indirectes et éloignées de la révolution de France, on ne peut se désavouer qu'elle fut immédiatement provoquée, par le magistrat contrôleur-général des finances qui convoqua les notables. Que de talens, en cet homme, se trouvaient défigurés par la légéreté ! que de maux il a causés sans en avoir l'intention !

Après lui, parut un autre vieux magistrat, ancien faiseur de réquisitoires contre les Jésuites, qui, encore rongé du remords d'avoir concouru à la fâcheuse destruction de leur institut, voulut s'adosser le remords, plus cuisant encore, d'avoir demandé les états-généraux.

On vit après, ce principal ministre, vrai fondateur de la révolution, jugé capable du ministère tant qu'il en fut repoussé, et qu'il continua d'être employé en second dans un pays d'état; ce prêtre évêque et cardinal décardinalisé, homme à petits moyens, vil et ambitieux; il eut le bonheur d'échapper, par le poison, à la guillotine qui devait le punir, non d'une aristocratie dont il ne fut jamais atteint, mais d'avoir été traître envers son maître, en appelant les états-généraux, malgré l'avis de quatre membres du parlement en opposition à la grand'chambre, qui lui firent sentir qu'il renversait la monarchie par cette fausse mesure. Il leur répondit que, s'il cessait alors d'être le ministre du roi, il serait le ministre de la nation.

Au cardinal de Loménie, succéda M. Neker, dont toutes les opérations avaient été, dans tous les temps de sa carrière publique, empreintes d'un esprit de républicanisme qui ne pouvait pas se combiner avec le principe d'unité monarchique. Il employa si souvent des formes populaires, qu'on est autorisé à croire qu'il avait eu la fâcheuse distraction d'oublier que son maître était un monarque, et qu'un tel souverain est si strictement un père de famille, qu'il ne doit aucun compte à ses enfans. La morale s'oppose à ce qu'il puisse être supposé mal administrer; de sorte que ce n'est point par esprit de tyrannie, ou de despotisme qu'il ne doit pas rendre de compte, mais bien pour ne pas courir le risque des mauvaises interprétations, et ne pas perdre la confiance, par la méchanceté des ennemis du bien public.

Un monarque qui, par son inviolabilité, n'est pas responsable de ses erreurs, étant par là dispensé de commettre une seconde faute pour couvrir la première, n'a pas besoin de publier la théorie de ses opérations; son peuple les juge par les effets. Louis XVI commença de cesser d'être roi le jour que parut le compte rendu.

La manière dont M. Neker composa les états-généraux livra le roi à la vengeance des protestans, chez qui la persécution avait engendré le talent.

Il appela plus de non-propriétaires que de propriétaires à la représentation nationale, dans un pays agricole, où l'assemblée de la nation avait pour but les secours pécuniaires dont l'état avait besoin. Un ministre français de naissance, propriétaire par soi, par sa famille et par ses alliances, n'eût peut-être pas fait cette faute.

Les conséquences de cette convocation ont été, pendant dix ans, le renversement de tous les principes d'économie publique, de la religion et de la morale des nations. M. Neker n'eût pas donné cette forme aux assemblées primaires, s'il eût mieux connu les Français, et s'il eût prévu les résultats de la commotion qu'il excitait.

Il prononça en faveur de l'opinion par tête; c'était une conséquence du principe adopté dans son édit de convocation.

Louis XVI reconnaissait déjà la souveraineté du peuple, lorsqu'il consentit à la convocation des états-généraux; c'était là peut-être, dans un roi, un vrai titre à la philosophie, parce que le sage, en la reconnaissant, ne s'arme que davantage pour ne jamais la lui laisser reprendre; mais il oublia qu'il était roi, lorsque, par principe et par faiblesse, il lui en abandonna l'exercice.

Louis XVI était, on peut dire, savant; il était profond dans la littérature ancienne et moderne; il était bon historien, grand géographe; il était familier avec les langues mortes et vivantes; mais il a si bien fait, qu'il est mort avec la réputation, presque générale, d'ignorant et de stupide. Il n'était point poltron, quoique timide; mais, au lieu d'être brave comme un roi, il était résigné comme un prêtre : aussi est-il mort comme un saint archevêque.

Le cabinet de Louis XVI, à l'époque des états-généraux, surabondait de cette ignorance et de cette fausse philosophie, que nous regardons comme une des causes de la révolution; il empêcha le roi de monter à cheval le 13 juillet, et de se mettre à la tête des troupes qu'on avait fait venir sous Paris à cette fin. Ce fut le ministre de la guerre qui proposa cette mesure; il se trouvait lui-même dans une circonstance unique par son irrégularité; il était à la fois ministre de la guerre et général des troupes campées au Champ-de-Mars. Au lieu de profiter des avantages de cette double qualité, et de donner, comme ministre, l'ordre au général de disperser sa troupe dans Paris, pour dissiper les attroupemens, il fait ses paquets avec tout le cabinet, et disparaît.

On s'entête à vouloir attribuer la dissolution des états-généraux aux mesures prises dans la chambre du tiers: ne serait-il pas aussi un peu vrai de dire qu'ils devaient cesser par la corruption de leurs propres élémens?

Avant la réunion des chambres, celle de la noblesse avait vu fuir son président; c'était un homme qui pouvait se vanter d'être le premier gentilhomme de l'univers; il présidait un des plus illustres corps de la noblesse de l'Europe. Cependant il déserte son poste parce qu'il y a quelque danger sur le fauteuil; aussi on a vu comment a fini la noblesse française après un si ignominieux exemple. Une partie se dénobilisa sans avoir obtenu d'honorer le tiers; une autre partie crut se rallier pour la résistance en fuyant en désordre.

CHAPITRE XXXIII.

Assemblée Nationale.

C'EST dans l'assemblée nationale que commença l'opposition à la révolution. La postérité jugera la consistance de cette opposition, en confrontant les procès-verbaux avec la protestation qui fut faite par le parti opposant, à l'époque de la séparation de l'assemblée, qui, depuis quelque temps, s'intitulait assemblée constituante.

Le lecteur le moins attentif s'appercevra que, dans la liste des signatures de la protestation, il y a les noms des présidens qui ont prononcé les décrets les plus désastreux contre le clergé et contre la noblesse.

Les noms de ces députés opposans, qui ont discuté à la tribune tous les sujets de délibérations, en s'autorisant, pour s'y opposer, de tel autre décret de l'assemblée.

Les noms de tous ces députés qui nient l'existance légale de l'assemblée constituante, et qui l'ont toujours appelée de ce nom dans les discussions.

Les noms de tous ceux qui ont fait le serment à

la tribune, le 21 juin, jour de la fuite du roi, et qui consistait à ne reconnaître que la nation et la loi, et à ne plus être soumis au roi. Quatre députés seulement, refusèrent de prêter ce serment.

Enfin, on verra que tous les noms de cette liste ont constamment concouru à la nomination des présidens, secrétaires, et de tout ce qui se faisait par voie de scrutin.

L'opposition est l'ame des assemblées délibératives. C'est donc le parti de l'oposition qui a fait toutes les lois dans cette assemblée, même celles auxquelles elle a refusé son vote.

Le parti de l'opposition se serait véritablement opposé en ne discutant jamais, et en refusant son vote dans tous les cas; alors, n'y ayant pas eu d'opposition, les délibérations pouvaient être réputées nulles, et l'opposition se serait opposée, alors qu'elle ne s'opposait pas.

Mais quelle réunion de talens dans l'un et l'autre parti! Rome et la Grèce, malgré tout ce que l'enthousiasme historique peut avoir ajouté, n'ont pas pu donner l'idée d'une masse si immense de savoir et d'éloquence. Tant de science cependant n'a pas pu garantir cette assemblée de faire du mal, et d'en faire même matériellement : sans doute, elle a causé des malheurs; mais la calamité se fût concéntrée dans la France, si elle eût prolongé son existence. La grande majorité des hommes qui la composaient commirent des erreurs, mais n'étaient pas des hommes de sang. Ce qu'ils avaient fait de mal, et par aveuglement et par mauvais calcul, et par des mouvemens impétueux et désordonnés, ils eussent pu le corriger avec le temps; ils manquèrent de courage, ils cédèrent à l'effroi que leur inspiraient ces déplorables ruines, qu'ils ne pouvaient désencombrer et employer de nouveau qu'avec du temps. La malheureuse nuit du 4 août avait abattu de quoi les occuper pendant vingt-cinq ans; ils auraient pu corriger leur fautes s'ils s'étaient donné ce temps-là.

Tant d'hommes de talent s'abandonnèrent à la pusillanimité; ils firent une constitution qui n'était que le rêve d'un solitaire familiarisé avec les principes, et qui se livre à l'enchantement, parce qu'il ne connaît pas les hommes. Ils posèrent sur un amas de ruines un édifice tremblant et fait à la hâte, qui devait crouler au premier déplacement d'un décombre pressé par son poids. En se séparant, ils ont été la cause indirecte et coupable de l'épouvantable mort du meilleur des rois; ils ont inondé de sang toute la France, et toute l'Europe leur doit la désolation et le désespoir.

La plupart des membres de cette assemblée étaient de grands enfans, encore pleins de la théorie qu'ils avaient puisée dans les classiques, lesquels on s'est entêté, jusqu'à la fin du XVIIIe siècle, à regarder comme contenant des principes analogues à tous les gouvernemens sans distinction. Les jeunes gens qui étaient dans cette assemblée, et qu'on a tant blâmés parce qu'ils ont renversé un trône, l'ont cependant fait avec la coignée que le roi leur avait mise dans la main; ils n'ont fait que développer l'éducation républicaine qu'ils avaient reçue dans un état monarchique.

Cette assemblée tenait ses séances en France, à Paris, entourée et composée de tous les vices et de toutes les imperfections. Cependant son ouvrage supposait des anges; et en effet sa constitution eût convenu aux Français, si, pour premier article il y eût eu celui-ci:

Nous lavons les Français de leurs vices et de leurs imperfections; nous substituons à leurs anciennes habitudes de plaisirs, une philosophie rigoureuse qui les fera jouir davantage dans la privation même du nécessaire; de sorte que ce noble, qui avait dix enfans et un revenu à peine suffisant pour les nourrir, trouvera juste et équitable d'être réduit à la simple faculté d'en nourrir un. Cet ecclésiastique qui, depuis long-temps, est réduit à garder le lit par une maladie quelconque, et qui jouit de 2,400 livres de rente, trouvera admirable d'être réduit à 50 liv. par an, et peut-être moins, pour lui, sa garde, son médecin et son chirurgien; en un mot, par notre souveraine puissance, nous recréons le peuple français, et nous l'élevons à la nature angélique.

Alors peut-être la constitution de 91 eût pu marcher; l'absence de cet article en fit un ouvrage digne des exercices de clôture d'un collége.

CHAPITRE XXXIV.

Côté gauche de l'Assemblée Constituante.

Les membres de ce côté, comme en général tous les membres de cette assemblée, étaient venus avec beaucoup de science et de talens étrangers à l'art de gouverner les hommes sans but, sans plan, sans projet, et même on peut dire sans mauvaises intentions, attendant avec empressement d'apprendre ce qu'on leur proposerait, et ce qu'on demandait d'eux. La lecture de *ce que c'est que le tiers*, et des autres ouvrages relatifs à l'obscurité des circonstances et à la situation indéterminée où ils se trouvaient, n'avait rien éclairci dans leur tête.

Ils ne furent pas avancés davantage, après la motion de déclarer la chambre du tiers assemblée nationale. La question sur l'opinion par tête, ou par chambre, tendit dès ce jour vers sa résolution: mais il n'existait dans toute l'assemblée aucun plan applicable aux circonstances.

Le quatorze juillet augmenta la confusion dans les idées, quoiqu'il fût, sans qu'on s'en apperçût, la cause immédiate du renversement d'un édifice qui devait écraser dans sa chûte ceux même qui, en l'ébranlant, croyaient être hors du danger.

La nuit du 4 août, on acheva de mettre tout dans des ténèbres épouvantables : mais, de cette époque, il ne fut plus nécessaire de savoir ni d'entendre; il n'y eut plus de soi-disant meneurs, il n'y eut plus de réputés auteurs de révolution. La chûte de l'arbre avait tout entraîné, et tous les hommes qu'on a vus depuis se distinguer ne furent plus que des hommes de circonstances. Aussi les a-t-on vus, pour la plupart, jetés d'aussi bonne foi dans la cathégorie des horreurs que dans celle du bien, mais si aveuglés dans la première, qu'ils n'ont jamais manqué de se rendre eux-mêmes victimes d'eux-mêmes, dépassant presque toujours le but que telle et telle circonstance semblait leur montrer, ou n'arrivant point dans la seconde, parce qu'ils n'en savaient pas prendre la voie

Les jeunes gens qui avaient été employés dans la guerre de l'indépendance des colonies anglaises, et qui se trouvaient de ce côté, ne voulaient voir que les états-unis de l'Amérique en France; ils voulaient faire, sur un corps vieux et gangrené, ce qui avait été fait sur un corps jeune et sain; ils voulaient traiter un pays où des corporations, des corps, des institutions, des préjugés de noblesse et d'une religion privilégiée, s'élevaient contre une révolution, comme on avait traité un pays où il n'y avait pas la moindre apparence de ces oppositions.

Un petit nombre de ce côté se prononça timidement pour un gouvernement mixte, semblable à celui de la Grande-Bretagne; mais ses idées ne se propagèrent pas. C'était un erreur de croire que la rivalité nationale pourrait permettre aux Français de prendre en Angleterre ce qu'il peut y avoir de bon en matière grave. L'anglomanie qui régnait en France tenait à la légéreté, et ne regardait presque que les modes.

Les Français ont prouvé, dans les différentes périodes de la révolution, combien ils ont de répugnance à imiter ces orgueilleux insulaires. Ils ont défiguré le juri plutôt que de le prendre comme il est en Angleterre. Ils ont bâti tous leurs gouvernemens sur le sable, pour n'avoir pas voulu, à l'exemple de la constitution anglaise, faire dominer dans leurs gouvernemens mixtes la partie monarchique, et accorder la non-responsabilité au pouvoir exécutif. Ainsi donc le côté gauche manquait du talent requis pour les fonctions qu'il s'était arrogées, et surabondait des petites passions qui nuisent aux talens. Aussi ce qu'ont gagné, dans trente mois d'exercice, les députés de ce côté, a été, pour un grand nombre, une mort ignominieuse, et pour bien d'autres, une suite de malheurs auxquels il n'y a point de de remèdes.

CHAPITRE XXXV.

Côté droit de l'Assemblée constituante.

Il est admirable de voir les députés de ce côté s'enorgueillir de l'avoir habité. Ils prétendent n'avoir en rien contribué aux horreurs, avoir toujours été du parti de la monarchie, avoir toujours vengé la religion, et toujours respecté la morale, etc. Pourquoi ne disent-ils pas aussi qu'ils étaient entièrement étrangers à la science du cœur humain; que le bien qu'ils ont voulu faire, et le mal qu'ils croient n'avoir pas fait, n'avaient d'autre source que les préjugés dont ils ne voulaient pas se séparer, et qu'ils n'avaient pas l'esprit de déguiser. Qu'ils se seraient mieux conduits selon les principes, si la plupart eussent eu le courage de sacrifier les 18 liv. En faveur de cet avœu, nous leur pardonnerions tout le reste.

Ce côté n'avait pas la masse de talent dont jouissait le côté opposé, mais il avait plus d'usage. plusieurs de ses membres étaient gens de cours; ceux-là avaient l'habitude d'être spirituels, quelquefois même sans esprit. Ils avaient une plus grande facilité de s'énoncer dans les choses où la science n'était pas nécessaire : aussi a-t-on vu que les présidens pris par le tiers parmi eux, lorsqu'il voulait donner à ses décrets le poids d'avoir été prononcés par le parti de l'opposition, faisaient bien mieux les honneurs du fauteuil que la plupart des présidens pris dans le tiers lui-même.

Comme le côté droit était radieux lorsque le résultat du scrutin portait sur le fauteuil un de ses membres ! le nouveau président ne manquait jamais de témoigner en termes clairs sa reconnaissance pour l'honneur qu'on lui avait fait. Il était toujours fidèle à prouver dans son discours qu'il ne reconnaissait au monde rien au-dessus de l'autorité de l'assemblée qu'il allait présider. On se moquait de lui. Le scrutin avait masqué les batteries du côté gauche; mais elles étaient aussitôt ouvertes. Voilà motions sur motions relatives au clergé et à la noblesse, contre les prérogatives royales, contre les anciennes institutions: et voilà aussi que monsieur le président, qui avait beaucoup d'usage, de l'esprit, posait la question d'une manière si claire, qu'elle était admirable, et prononçait ensuite un décret désastreux.

Sous les présidences du côté droit, les orateurs de ce côté obtenaient des préférences sur la liste des demandeurs de parole: mais le tiers ne s'en plaignait pas. Plus ces Messieurs présidaient, plus ces Messieurs discutaient, plus ils reconnaissaient l'autorité de l'assemblée, plus ils faisaient parties des délibérans, plus ils donnaient de force, par leur opposition, aux lois et aux décrets. Le côté gauche savait que si le côté droit s'était retiré, l'absence d'une opposition invalidait tous les décrets; mais le côté droit savait qu'en se retirant il perdait 18 liv. par tête. Et ceux pour qui ce sacrifice était indifférent avaient le tort de croire qu'en s'opposant à tout, ils ne faisaient pas de décrets, de lois et une constitution. Aussi les a-t-on vus, à la fin de l'assemblée, mettre le comble à leurs erreurs, en faisant une protestation contre un ouvrage qu'ils avaient évidemment fait eux-mêmes plus que le côté gauche.

Cette protestation, rapprochée du procès-verbal de la première fédération, qui eut lieu au Champ-de-Mars, offrira aux yeux de la postérité une singulière contradiction. Ce fut dans cette cérémonie nationale que fut donnée la première atteinte à la dignité royale. Le côté gauche sut obliger l'opposition à jouer le premier rôle dans cette scène. Ce jour-là, un membre du côté droit s'assit, en qualité de président, sur un fauteuil, de pair avec le roi, faisant disputer la souveraineté du peuple avec la majesté royale. Qui a jamais pu croire que ce fût là un acte d'opposition? Un officier des gardes-du-corps du roi ne peut excuser la hardiesse de s'asseoir, en souverain, à côté de son maître, qu'en confessant qu'il reconnaissait alors la souveraineté de la nation au-dessus des prérogatives royales. Dès-lors il ne peut plus protester, ni contre la constitution, ni contre la révolution.

Bon! disaient-ils dans leur inconsistant langage d'opposition, lorsqu'ils se reposaient après la confection d'une loi, plus ils en font, plus ils se perdent. Le côté gauche disait : plus ils sont sots, plus ils me servent. Les membres du côté droit manquèrent leur but lorsqu'ils entrèrent dans l'assemblée nationale : mais il ne pouvaient pas mieux servir la révolution, qu'en y restant jusqu'à la fin, pour y faire eux-mêmes perpétuellement ce que bien sûrement ils voulaient empêcher que d'autres fissent.

Sans parler de la contradiction manifeste dans laquelle ils tombaient journellement, qui était, tantôt de croire nuire à la révolution en ne se levant pas, tantôt en se levant. Est-il possible que, lorsqu'ils faisaient la même chose que le côté gauche, se levant, restant assis, discutant, présidant, faisant les élections, travaillant dans les comités, acceptant des députations près du roi, menaçant du poingt le côté opposé, beuglant, se battant à la tribune pour parler les uns avant les autres, et tous à-la-fois, invectivant, blasphémant, (on a même vu un d'entre eux appliquer une échelle contre les tribunes, pour leur donner l'escalade); comment est-il possible, disons-nous, qu'ils aient pu prétendre faire une chose différente de ce que faisait le côté gauché, et que leur aveuglement soit arrivé jusqu'à leur faire croire que, par ce moyen, ils avaient protégé le trône et l'autel, et sur-tout les mœurs et la morale?

Ce côté a eu encore de commun, avec le côté opposé, de montrer qu'il est des talens que le gouvernement monarchique ne voit pas germer. Le gouvernement représentatif fit trouver parmi ses membres des orateurs rares, aimables et insinuans, dont quelques-uns ne devaient rien à l'art, chez qui la nature faisait tout. Ils savaient profiter de la science qui les entourait; ils y ajoutaient la forme; cette forme était souvent un chef-d'œuvre: mais ils commirent sans cesse l'erreur de se croire dans l'opposition à la révolution, en discutant journellement dans une assemblée révolutionnaire, en donnant leur vote à telle loi, et le refusant à telle autre.

CHAPITRE XXXVI.

Milieu de l'Assemblée Constituante.

CETTE section intermédiaire se forma d'un petit nombre de membres du côté gauche, qui n'étaient pas si intrépides révolutionnaires que les autres. Leurs principes avaient pour but d'introduire dans l'assemblée une opinion modérée qui modifiât l'exagération des deux côtés. Le club des monarchiens, tenu aux feuillans, fut une création due à ces principes.

Comment ce milieu, participant des opinions des deux côtés, pouvait-il s'attendre à concilier deux partis, dont les actes découlaient de principes contradictoires ? Ses membres subirent un sort inévitable; ils furent rejetés de toute part, et réduits dans l'assemblée à une nullité parfaite.

Un tel médiateur, entre les opinions emportées du révolutionnaire et du contre-révolutionnaire, joue le rôle d'une puissance conciliatrice, qui, pour rapprocher les deux puissances belligérantes, se mettrait, le jour de la bataille, entre le feu de deux canons.

Si l'assemblée nationale eût adopté le systême de la correction des abus, en prenant le temps, comme elle se jeta dans l'abyme des renversemens, ces députés eussent pu servir leur patrie dans la partie économique qui leur était familière. Ils eurent tort de se mettre au milieu, et de ne pas se retirer lorsque leur modération ne convenait à aucun côté. Ils crurent que les deux extrêmes révolutionnaires et contre-révolutionnaires étaient les extrémités d'un même corps, et que la modération pouvait en être le milieu.

Révolution et contre-révolution, sont deux objets contradictoires qui partent de points et de principes différens, et visent à des buts qui n'ont aucun rapport commun. Il n'y a donc pas de milieu entre elles; il fut inutile de vouloir y placer la modération. Leur milieu, si on confond milieu avec moyen, serait ou la victoire de l'une sur l'autre; alors celle qui triomphe devient modérée, parce que c'est son intérêt, et qu'on ne gouverne les hommes par la force qu'un court espace de temps : ou le renversement des deux par un tiers; mais ni l'un ni l'autre de ces deux moyens ne sont intermédiaires entre révolution et contre-révolution.

Cette assertion s'est trouvée si bien prouvée à l'égard des députés en question, que, jetés par la tempête sur les mêmes bords que ceux du côté droit, c'est-à-dire, dans l'émigration, non seulement ils ne se sont jamais bien amalgamés ensemble, quoiqu'ils partageassent le même sort; mais ils n'ont pas même pu se rapprocher de la nuance de l'émigration, appelée constituante. Ils ont eu des désagrémens de société avec les uns et avec les autres.

Tous, sans distinction ni exception, étaient dehors par erreur, et par inexpérience, dans un art qu'ils avaient voulu exercer avant de le connaître. Et, au lieu de se réunir contre l'ennemi commun, comme faisaient en France les factions qui, lorsqu'il s'agissait de l'opposition des coalisés, ne manquaient jamais de concentrer leurs efforts, sans examiner si leur uniforme rouge était plus ou moins foncé. Au lieu, disons-nous, de se réunir, ils se sont disputés, se disputent, et se disputeront encore, même rentrés en France, sur les nuances d'émigration. S'ils fussent convenus de l'identité de leur situation, ils eussent adouci, entre eux, un sort rigoureux, en attendant de plus puissantes consolations.

Ce milieu de l'assemblée était plus nombreux qu'il ne le paraissait. Un parti moyen est toujours plus commode, les modérés ont moins de courage que les exagérés; voilà pourquoi un tel parti convient à la majorité. Il était composé, non seulement des membres qui se prononcèrent dans l'assemblée, mais encore de ceux qui avaient pris la fuite avant que l'assemblée nationale quittât Versailles, et sur-tout de cette partie de la nation, demi-révolutionnaire et non révolutionnaire, qui tenta l'infortunée révolution moyenne des sections.

CHAPITRE XXXVII.

Fausse Philosophie.

LA fausse philosophie est l'auteur immédiat des formes iniques, qui rendent les révolutions odieuses. Pour attaquer victorieusement et l'auteur et les formes, elle doit en tout, dans le retour de l'ordre être mise en opposition avec la vraie philosophie. C'est en définissant exactement l'une et l'autre, que l'on entrera dans la lutte avec prudence.

La fausse philosophie est la science des paradoxes.

La vraie philosophie est la science des principes éternels.

Ce sera donc en opposant les principes éternels aux paradoxes, que la vraie philosophie, amie de l'ordre, renversera la fausse philosophie révolutionnaire.

Les armes de la fausse philosophie sont le

demi-savoir, l'irréligion, l'ignorance et la corruption.

La vraie philosophie doit donc opposer au demi-savoir la science du cœur humain; à l'hérésie la pureté de la religion qu'elle déchire; à l'irréligion une piété éclairée; à la corruption les bonnes mœurs; enfin elle doit donner à l'ignorance des conducteurs sages, qui la ramèneront des voies de l'égarement, dans les sentiers de la justice.

CHAPITRE XXXVIII.

Demi-Savoir.

Le demi-savoir, en matière de révolution, est le premier instrument de la fausse philosophie.

C'est une vérité dure à prononcer; mais ce demi-savoir a été le fruit d'une longue paix.

Dieu préserve que l'on veuille en conclure qu'il faut faire la guerre; mais c'est une grande leçon aux législateurs, qui doit les obliger à soigner l'éducation des peuples.

On doit diminuer le nombre des oisifs, en adaptant à l'agriculture, au commerce, aux manufactures, par des lois obliques, tous ceux à qui encore, par des lois semblables, on interdira l'accès aux sciences et à la littérature.

CHAPITRE XXXIX.

Révolutionnaires.

L'HUMANITÉ en frémit d'horreur ; mais il n'est que trop vrai qu'il y a des exagérés révolutionnaires de bonne foi, et même des terroristes, des hommes de sang, qui, pour ces deux dogmes de liberté et d'égalité, se couvrent de délits, donnent et reçoivent la mort avec le même enthousiasme.

On a vu des hommes, vertueux avant la révolution, se plonger dans le terrorisme le plus affreux ; devenir modérés, lorsqu'ils ont cru que la terreur n'était plus nécessaire, et reprendre alors leur ancienne vie vertueuse ; non seulement n'ayant point gagné dans la révolution, mais y ayant perdu leur aisance.

De quel travers l'esprit humain n'est-il pas capable ! S'il n'était pas vrai que les hommes s'égarent, et perdent la raison au son de la voix d'un perturbateur, on n'aurait pas si souvent vu la rage des massacres obéir alternativetivement aux ennemis, et aux faux amis de la religion la plus douce. L'enthousiasme et l'aveuglement sont les mêmes, en matière de liberté et d'égalité ; il n'y a que le but de changé.

Or, comment se peut-il qu'un souverain, qui retourne sur son trône, puisse fonder un systême de contre-révolution sur la rigueur, lorsque les révolutionnaires les plus coupables sont des fous, et les moins coupables ne sont que des hommes égarés?

CHAPITRE XL.

Club des Jacobins.

Le registre des membres du club des jacobins, fournit la preuve évidente de ce que nous avons déjà avancé plus d'une fois, qu'après le 4 août tout avait été entraîné, hommes et choses;

Ouvrons ce registre, nous y trouvons les noms de tous ceux qui se sont distingués dans toutes les factions, quoique plusieurs de ces factions aient été anti-jacobinistes. La postérité sera bien étonnée, si personne n'a soin de lui faire connaître les causes des événemens contradictoires qui caractérisent la révolution française, d'y voir, le mêmes noms qu'elle trouvera dans la liste des guillotinés, par les jacobins eux-mêmes.

Les noms de ces émigrés qui ont pendant six ans inondé l'Europe, sans qu'elle ait jamais bien connu la différence véritable qu'il y avait entre la sottise des émigrés d'un temps, et la sottise des émigrés d'un autre temps.

Les noms de ces clubistes du club de 89, a qui on ne veut pas cesser d'attribuer le propagandisme de la révolution, à cause que cette propagande était le but de son institution, avec des principes cependant opposés à ceux des jacobins.

Les noms de ces déportés du 18 fructidor, dont le crime était l'attachement aux mêmes principes qui avaient causé la déportation de l'an un.

Les noms de tous ces généraux d'armées, de tous ces officiers qui ont déserté leurs postes après le 10 août.

Les noms de ces ministres du roi, que le roi prenait par l'influence des jacobins.

Les noms de tous ces journalistes déportés, emprisonnés, guillotinés, pour avoir fait des journaux anti-jacobins.

Les noms de ceux qui dénoncèrent ce club, et furent en fermer les portes; eux qui, pour la plupart, en avaient été les suppôts, les orateurs et les présidens.

Les noms de ces fameux faiseurs de constitutions, qui en ont tant enfanté, en opposition au jacobinisme.

Les noms de ces économistes qui ont presque tous péri par les mains des jacobins.

Les noms de ces monachiens du club des feuillans, que les jacobins fermèrent de leur propre autorité.

Les noms de ces illuminés, qui se targuent si orgueilleusement de leur prétendue piété.

Les noms de ces meneurs des sections, qui se révoltèrent contre l'anarchie qui succéda au gouvernement infernal de Roberspierre, et que personne n'eût jamais regardés comme les chefs de cette insurrection, pas même les sections, si on ne les avait vus sur la liste des *hors la loi*.

La postérité, disons-nous sera bien étonnée de ces contradictions, et de voir que toutes les opinions, qui ont dominé dans les diverses périodes de la révolution, sont toutes sorties de ce foyer d'horreurs et de scélératesse universelle. Nous ne pouvons nous lasser de le répéter; c'est qu'après la nuit du 4 août, tout fut entraîné : l'église des jacobins de la rue S. Honoré fut le réceptacle général dans lequel vinrent s'amonceler toutes les passions et tout le savoir de la France.

Ce club inspira la terreur dès sa naissance; cette terreur y entraîna toutes les nuances de révolutionnaires. Bientôt l'assemblée nationale ne fut plus rien; tous ses membres, plus ou moins révolutionnaires, se crurent, par peur, obligés de s'y faire inscrire, d'assister à ses séances, et d'y discuter sur les questions qu'on y élaborait, avant qu'elles fussent présentées à l'assemblée nationale ; son influence devint si grande, que l'on prononça des décisions, et que l'assemblée devait s'y soumettre, sous peine d'une émeute de tribune, ou de terrasse des feuillans. Aucune pétition ne pouvait être présentée à la barre de l'assemblée, si les pétitionnaires n'avaient pas paru, préalablement, à la barre du club.

Le torrent impétueux qui, la nuit du 4 août, avait renversé toutes les institutions monarchiques, avait tant effrayé tous les partis naissans, que, fuyant tous vers le gouffre jacobinique, ils avaient cru se sauver dans ce point de réunion.

Là, ils ont long-temps vécu pêle-mêle, et s'entre-mangeant, dans le temps qu'ils dévoraient les habitans de la France entière. Le parti dominant s'abreuvait du sang d'un autre parti, en attendant que son tour vînt de servir de pâture, jusqu'à ce qu'enfin le trop long règne de Roberspierre, ayant lassé la patience des partis mêmes qui s'étaient résignés à être ses victimes, ceux-ci le renversèrent, et le noyèrent dans son propre sang.

Roberspierre est mort ; on mure la porte des jacobins. On croira peut-être qu'il n'y a plus de jacobins en France : on se trompe. Il y avait des partis jacobins avant la mort de Roberspierre, ils y sont encore après sa mort. Quel était le parti en France qui ne fût jacobin? Quel a été le parti qui, en triomphant des autres, a tenu les rênes du gouvernement, qui ne fût jacobin? Aucun. Chacun a pu observer que les jacobins n'ont été maltraités par aucun des gouvernemens éphémères qui se sont succédés. Babeuf tomba sous le poids du jacobinisme du directoire, parce qu'il n'était pas de la nuance qui avait fermé le club, mais de celle qu'on avait voulu détruire, en guillotinant Roberspierre.

Chaque parti, jusqu'au jour où le gouvernement consulaire a prévalu, a ménagé les jacobins, par esprit de jacobinisme.

On ne fera pas l'erreur de dire que le gouvernement consulaire exclut les jacobins; mais on a tous les motifs de croire qu'il n'y a point de jacobinisme dans le gouvernement.

Le principe de ce gouvernement est entièrement opposé au principe des gouvernemens qui l'ont précédé; de sorte que, si l'on voit des jacobins employés, ce n'est pas parce qu'on veut les ménager comme jacobins; mais parce que le gouvernement étant fort par lui-même, et n'ayant plus besoin de s'étayer de telle et telle faction, il a adopté le mode général de traiter également tous les partis, cependant avec des égards politiques relatifs à la qualité de leurs opinions.

Ce gouvernement prospérera, oui ou non; si on nous le demandait, nous prendrions dix ans pour faire la réponse; mais nous pouvons préalablement assurer qu'il n'y aura jamais que les principes qui dirigent le gouvernement consulaire, et un gouvernement fort par lui-même, qui mettront fin à la révolution. Tout gouvernement qui sera obligé de proscrire une faction quelconque, sera encore un gouvernement très-révolutionnaire, et doit épouvanter les amis clair-voyans de la paix et de la tranquillité. Ainsi donc, ceux qui ne cessent pas de desirer la ruine individuelle des jacobins en France, deviennent, par là, jacobins eux-mêmes.

La doctrine des jacobins conduisait à éterniser la destruction d'une faction par une autre. Si le gouvernement consulaire se croyait obligé de les détruire, ce serait parce qu'il serait jacobin lui-même, destiné à être remplacé par une autre nuance de jacobinisme, qui échappe aux lumières des demi, ou faux politiques, dont on ne saurait trop désabuser la bonne foi, éclairer l'ignorance, ou combattre les sophisme.

CHAPITRE XLI.

Club de 89.

Les fondateurs de ce club prononcèrent le mot de propagande. La propagation, par le fait de ce club, en est restée à ce mot prononcé. Cependant cela a suffi pour que tout ce qui est arrivé en Europe lui ait été attribué, et par les gouvernemens, et par les individus. Jamais ce qu'en ont dit ceux qui savaient qu'à peine il avait paru un instant, et l'éternel oubli auquel l'ont voué tous les papiers français, par leur silence universel, n'ont pu les corriger, et les obliger d'attribuer les maux dont ils se plaignaient, à leurs véritables auteurs.

Le club de 89 fut fondé sur des principes plus modérés que celui des jacobins, avec des intentions de propagandisme, par l'abbé Syeyes, Bailly, Lafayette et Condorcet. Ce Condorcet, qui, aspiré comme tout le reste de son club, après deux ou trois séances, par le gouffre jacobinique, fut depuis tellement entraîné au-delà des principes de la fondation de ce club, qu'il fut l'auteur de la constitution la plus impraticable en France. Il fut, par son emportement, une preuve bien manifeste qu'alors tout était entraîné, puisque ce qu'il avait fait de plus exagéré, avant qu'il fût immergé dans le clûb des jacobins, c'était d'avoir concouru à la fondation du club de 89, qui était anti-jacobinique.

La composition du club se fit en vertu de statuts, qui indiquèrent, dès lors, la propension pour les listes. Les fondateurs firent une promomotion d'un nombre déterminé de membres; céux-là firent des présentations. Les présentés en firent d'autres; mais ces derniers furent soumis à un scrutin.

La modération qu'on promettait, l'opportunité du lieu, la propreté de l'appartement, une salle de billard, un fin cuisinier pour restaurateur, tout cela avait confondu dans ce club, par liste ou par scrutin, les révolutionnaires, les non-révolutionnaire, et même les contre-révolutionnaires.

Après deux ou trois séances, où furent prononcés le discours d'ouverture, et plusieurs opinions sur les douceurs de la révolution, sur l'aménité de ses formes, sur les moyens de propager la doctrine régénératrice, et sur le plan sublime de faire jouir le monde entier des bienfaisantes lumières de cette clubique académie, le club des jacobins inspira une si grande frayeur à ces nouveaux propagandistes, que les chefs et tous les adhérens furent obligés d'aller s'y faire inscrire, c'est-à-dire, que le club des jacobins aspira et engloutit dans son sein le club de 89. Cela ne suffit pas, les nouveaux membres dûrent assister aux séances, discuter, présider, bien plus, communiquer la veille aux jacobins les discours qu'ils devaient prononcer le lendemain à l'assemblée nationale. Ainsi finit ce club, dont on a tant parlé, et à qui on ne peut rien attribuer, en matière de propagandisme, qui ne soit un vol fait au club des jacobins.

CHAPITRE XLII.

Club des Monarchiens.

Ce club fut projeté par les députés du milieu de l'assemblée constituante; mais, comme on l'a observé, leur modération ne put, dans aucun temps, leur procurer une existence politique, encore moins purent-ils en donner une à ce club qu'ils voulurent intituler des monarchiens. Il s'agissait alors de communiquer ce qu'on n'avait pas.

Il est assez difficile de comprendre ce que c'est que monarchien; sans doute c'est un dérivé de monarchie. Or, voici ce qu'il semble qu'on pourrait dire en matière de dérivés. Monarchique donne l'idée d'une chose qui appartient à la monarchie. Monarchiste annonce un partisan de la monarchie; monarchien doit donc signifier un faiseur de monarchie; mais, dans ce sens, comment messieurs du milieu avaient-ils pu croire que le club des jacobins, qui jour et nuit abattait la monarchie française, aurait pu souffrir, vis-à-vis de ses ateliers, l'établissement d'une fabrique de monarchie? Il députa aux monarchiens environ 600 membres, lesquels, à coup d'énormes sifflets, empêchèrent le président et les secrétaires de jamais pouvoir reprendre, celui-là le fauteuil, ceux-ci le bureau, à la troisième séance.

CHAPITRE XLIII.

Club de la rue Royale.

C'ÉTAIT un club composé de membres du côté droit. Il eut le sort de celui des monarchiens; il ne fit que paraître et disparaître. Il tint sa première séance dans l'église des capucins, d'où il fut chassé par une députation de club des jacobins. Il se transporta de là à l'hôtel de la Briffe; mais il n'y prit aucune consistance. Enfin il se réunit quelquefois dans l'appartement de l'abbé Maury, rue Royale. Les jacobins envoyèrent un petit nombre de sans-culottes s'établir à la porte de ce député du clergé, pour insulter tous ceux qui y entraient. La police le détruisit aussitôt par les mêmes formes qu'on eût employées contre une maison de jeux défendus, en mettant de la troupe à toutes les avenues.

Ainsi finit la seule réunion connue, qui ait été en vraie et exacte opposition avec le club des jacobins. Elle était composée, il est vrai, de membres qui, dans la nuit du 4 août, avaient grandement contribué au renversement de toutes les anciennes institutions françaises; mais elle n'a jamais eu le tort de se faire inscrire, en tout ou en partie, sur le registre des jacobins : on doit lui rendre cette justice.

CHAPITRE XLIV.

Club du Souterrain du Palais-Royal, ou de la Bouche-de-Fer.

L'INSTITUTEUR de ce club fut l'abbé Fauchet, depuis député à la législature, à la convention, évêque intrus, réputé girondin et guillotiné. Comme il n'était pas député à l'assemblée nationale, on n'avait pas encore été frappé de ses talens oratoires révolutionnaires. On eut ce plaisir le jour de l'ouverture de ce club. En qualité de secrétaire-perpétuel, il prononça un discours dont nous rappellerons quelques expressions marquantes, qui donnent une idée de son exaltation.

A la suite de son discours, il nomma le président, qui fut Goupil de Préfeln, et quatre secrétaires.

Fréteau fut un des appostés dans la foule, pour prendre la parole en faveur de l'institut. Il perdit, ce jour-là, toute vergogne ; mais il prit aussi la route de la guillotine, où il fut porté par un jacobinisme qui écrasa le sien.

L'abbé Fauchet, après avoir déploré l'aveuglement du genre humain, avoir dépeint la bigarrure qui défigurait la société humaine, sur-tout à cause de la variété des législations et des religions, proposa une nouvelle propagande; et voici à-peu-près comme il manifesta son idée :

« Nous ne sommes point ici comme de simples représentans d'une nation; notre mission est universelle, et tous les décrets qui seront enfantés par nos discussions, doivent successivement être envoyés à toutes les nations qui peuplent la terre. Notre but doit être de donner au monde une législation et une religion uniformes; mais, comme nous devons éviter l'inconvénient de varier dans les conséquences, si nous ne posions pas des principes fondamentaux, solides et inébranlables, je propose d'adopter pour base de la législation universelle le Contrat Social, et pour base de la religion universelle le Saint Évangile. Nous discuterons successivement tous les articles de ces deux sublimes productions. Le résultat sera aussitôt communiqué à tous les peuples; et, lorsque le grand ouvrage sera achevé, moi, moi-même, je ferai descendre J. C. de ciel en terre, pour y donner sa sanction. »

Serait-il possible de trouver un cerveau plus détraqué que celui de ce secrétaire-perpétuel de ce club ?

Malgré toutes ces belles intentions, ce club fut écrasé et fermé par ordre des jacobins, qu voulaient de l'unité, par-dessus tout, dans l'exécution de leurs plans.

CHAPITRE XLV.

Émigration.

On a cru s'opposer à la révolution, en s'éloignant de son foyer. Si on n'avait pas vu cette nouvelle manière de défendre ses propriétés, on ne pourrait pas y croire. La postérité rira de cette invention; elle ne sera pas étonnée que les émigrés veuillent n'avoir rien perdu; elle ne trouvera rien dans cette prétention qui contredise le moyen sublime de garder son bien en l'abandonnant. Qu'on avoue, au moins, qu'on se serait mieux opposé à la révolution, en ne s'y opposant pas de cette manière.

Cependant cette mesure irréfléchie offre une infinité d'incidens remarquables.

L'émigration a cinq nuances principales. 1° celle des émigrés qui la fondèrent à Coblentz, en ouvrant un registre, sur lequel les petits-maîtres de Paris allaient se faire inscrire, et revenaient aussitôt. C'était un affaire de ton et de mode: qui n'avait pas encore été à Coblentz, était mauvaise compagnie à Paris.

La seconde comprenait ceux qui ont perdu leur fortune et leur patrie, parce qu'ils auraient perdu la vie sans ce sacrifice, et que ce malheur eût été dû à la fidélité à leur religion et à leurs principes, souvent à leurs noms et qualités.

La troisième nuance était composée de ceux qui arrivèrent à Coblentz un peu tard, et qui eurent le courage de tenir à l'émigration, malgré le mépris des premiers émigrés, et dont on a toujours dit : Ils ne sont pas purs.

La quatrième nuance comprenait les constitutionnels; la cinquième, enfin, la faction girondine.

Pour savoir en quoi a consisté vraiment l'émigration, ce n'est pas dans le dehors de la France qu'il faut la chercher, c'est dans la France elle-même; et on verra que presque tous les propriétaires, et parmi eux, plusieurs qui n'étaient pas obscurs, rentrèrent lorsqu'une loi prononça la confiscation des biens, contre qui ne serait pas rentré à l'expiration de deux mois; que tous ceux qui étaient de la cinquième nuance, rentrèrent après la mort de Roberspierre; que dans un temps, où les corps administratifs des départemens étaient modérés, les administrateurs rayaient de la liste des émigrés leurs amis et leurs connaissances, et substituaient leur décret légal aux papiers contrefaits qu'on leur présentait; que beaucoup de militaires émigrés sont enterrés à Quiberon;

que la dernière amnistie de la Vendée s'est étendue jusqu'aux émigrés qui étaient à la tête des insurgés et parmi eux ; que le gouvernement consulaire a rayé presque toute la quatrième nuance, et qu'on en raye tous les jours; que ceux qui n'ont pas reçu des secours des puissances sont presque tous rentrés, ayant changé de qualité nationale, ou, sans aucun autre titre, préférant les risques du dedans à la misère du dehors.

En total, l'émigration de France, qui a peut-être été de 200,000 individus, dans ses différentes nuances et périodes, ne consiste pas en 20,000 aujourd'hui, desquels, si on ôte les pensionnés par les puissances, il ne reste que ces émigrés d'un grand nom connu, qui n'ont pas encore osé en prendre un autre, mais qui rentreront aussi en prenant cette précaution.

L'émigration eut une cause première, qui fut le plan d'opposer, par la fuite, une barrière insurmontable à l'impétuosité du torrent révolutionnaire. Il en est résulté qu'elle a toujours dû fuir devant la révolution; elle a eu aussi des causes secondes, qui ne pouvaient pas manquer d'augmenter son incohérence.

Il faut compatir aux faiblesses humaines; mais, aux yeux de l'observateur, l'émigration fourmillait de chevaliers français, qui ne passèrent le

Rhin que pour suivre leurs intrigues, et de Français ennuyés, blessés de la nullité dans laquelle la révolution les avait laissés.

L'esprit révolutionnaire gagna les émigrés ; malgré leur fuite précipitée, ils ont fait une révolution à leur manière. Les républicains avaient fait citoyens les ducs, les comtes et les marquis ; les émigrés ont fait marquis, comtes, ducs, les citoyens. Lorsque l'esprit de révolution est si répandu, on doit espérer que les révolutionnaires seront indulgens entre eux.

Il n'y a plus de raison pour qu'il y ait une classe d'émigrés, exclue de la permission de rentrer en France, depuis que l'amnistie de la Vendée, a absous ceux qui ont été convaincus d'avoir porté les armes.

Les habitans des différens pays de l'Europe, qui entendent parler les individus émigrés, ne peuvent pas manquer de leur accorder de la compassion ; il n'y a pas un cadet d'infanterie, parmi eux, qui n'ait perdu 30,000 liv. de rente. Jamais les brouillards de la Garonne n'avaient fourni tant de richesses.

L'incohérence de l'émigration a été si grande, il y a eu tant de classes, il y a eu si peu d'union, il y a eu une si grande différence dans les opinions, que l'on peut dire qu'elle ne pouvait pas avoir d'effet ; et, pour bien signifier la chose, on devrait dire, qu'il y a eu beaucoup d'émigrés, mais point d'émigration.

La manière dont l'émigration a été traitée dans l'étranger n'est pas le point le moins piquant du tableau.

Les souverains ont écouté les émigrés, et les ont renvoyés; ils eussent dû les garder, sans les écouter. [1]

Par-tout où il y a eu des émigrés on a dit du mal d'eux; chacun cependant en exceptait celui qu'il avait dans sa maison, comme digne du plus grand intérêt. De sorte que, par opinion inconsidérée, les émigrés étaient tous mauvais, sans doute parce qu'ils étaient Français; mais l'expérience journalière les confessait tous bons.

Les peuples qui n'ont pas été révolutionnés ont dû, et doivent traiter les émigrés avec bonté, et avec respect, parce qu'ils peuvent un jour se trouver eux-mêmes dans leur situation. Ceux qui ont déjà émigré, et reconquis leurs foyers, n'ont pas besoin qu'on leur donne des conseils; ils ont senti le malheur : s'ils ne sont pas humains envers eux, apparemment qu'ils ont besoin d'une leçon plus longue.

La destinée des Français, dans leur division en deux partis, a été de donner deux grandes le-

[1] Cette idée est de M. de Staalh.

çons aux autres peuples. Ne point faire de révolution, et ne point émigrer par ton.

CHAPITRE XLVI.

Fuite du Roi.

Le roi, en quittant Paris, usait de ses droits; l'assemblée constituante elle-même n'osa pas lui en faire un délit, puisqu'elle crut, peu de temps après, pouvoir lui proposer une constitution. Le roi n'allait évidemment qu'à Montmédy; l'épouvantable sort qu'il a subi a bien prouvé qu'il avait raison de s'éloigner du foyer révolutionnaire.

De toutes les manières de fuir qu'on lui proposa, il n'y en avait pas une qui n'eût pu être plus convenable, pas une n'aurait pu avoir un plus mauvais succès. Cependant, sans la sottise des préposés pour l'exécution et la conduite, tout embarrassant qu'était le moyen, tous les obstacles eussent été surmontés.

1° On fait partir le roi dans une voiture qui était, pour ainsi dire, une maison; on se priva, par là, du premier instrument de la fuite, qui est la légéreté.

2° On confie la personne du roi à trois soldats du corps de l'armée le plus accoutumé à la soumission et aux ordres du maître.

3º Pour se saisir de la personne du roi, et le faire profiter des mesures qu'on avait prises dans le dehors, on envoie à sa rencontre un jeune homme de vingt-deux ans, peut-être moins âgé.

Voilà le roi bien accompagné, bien gardé et bien reçu. En conséquence, il est arrêté, sans que ceux qui le guidaient, ceux qui l'accompgnaient, et celui qui l'avait reçu, fussent, par leur nature, en état de faire ce qui, dans cette occasion, était de nécessité absolue pour le délivrer.

Si, au lieu de mettre sur la voiture du roi, trois gardes-du-corps qui avaient passé leur vie à obéir, on avait mis trois maréchaux-de-camp accoutumés à commander, et familiarisés avec les principes de la consigne, le roi n'aurait pas pu avoir de volonté dans le cas de danger; ils l'eussent tiré de tous les pas, sans le consulter préalablement.

Si M. le marquis de B...., au lieu d'envoyer son fils pour recevoir le roi, y avait été lui-même, la faute commise de l'avoir confié à des gardes-du-corps, pouvait être réparée. Puisque le roi était arrivé jusqu'à Varennes, malgré cette sottise, il eût passé plus avant, parce que nous faisons la grace à M. de B.... de supposer qu'il savait son métier en matière de consigne de la personne royale. Mais M. de B.... et ses adhérens, qui avaient mal combiné le départ et la route, furent conséquens dans les mesures qu'ils prirent relativement à la fin du voyage. Le roi devait être arrêté, le roi devait être humilié, le roi devait périr, sans jamais avoir la consolation de dire : Dans cette circonstance je suis malheureux, il est vrai; mais il n'y a ni faute, ni méchanceté de la part de ceux dont j'ai droit d'attendre tous les bons services. Nous aurons occasion de revenir sur les malheureux événemens de la vie de cet infortuné monarque; et l'on verra, comme il est prouvé, qu'il a toujours été trahi par les siens, directement ou indirectement.

Pour comble de sottise, on envoie, quelques jours après l'arrivée du roi à Paris, une lettre souscrite B.... pleine de menaces : ceux qui ne le connaissaient pas se persuadaient qu'il avait vraiment une armée sous ses ordres. Il y a dix ans de cette lettre, il y a dix ans qu'on est obligé de se moquer de celui qui l'écrivit.

Les fausses combinaisons dont on avait accompagné la fuite du roi sont conformes à l'esprit dont étaient possédés ces preux chevaliers, qui, pour défendre leur roi, leur patrie, la religion, les lois et leurs propriétés, avaient pris la fuite. Que pouvait-on attendre du talent de tels spéculateurs?

CHAPITRE XLVII.

Schisme.

C'est à tort que l'on appelle intrus tous les membres du clergé de France qui ont exercé des fonctions ecclésiastiques, en se soumettant aux nouvelles lois sur le clergé. Une partie est simplement schismatique ; l'autre partie est de plus tombée dans l'intrusion. On doit d'autant plus distinguer ces deux classes, que la dernière elle-même est susceptible de division et de subdivision aux yeux de l'observateur impartial, qui compatit aux faiblesses humaines. Doit-on croire que la religion de J. C. est une verge impitoyable, et qu'à l'occasion du schisme et de l'intrusion de France, elle n'est plus cette religion douce et consolante, qui ne cesse jamais de pardonner ?

Voudrions-nous parler aux schismatiques et aux intrus avec colère et aigreur, lorsque la religion elle-même, qui se trouve directement offensée, commande la douceur et la modération ?

Le comité ecclésiastique tomba dans l'erreur de la constitution civile du clergé, parce qu'il était composé de jansénistes. Les principaux étaient *Fréteau*, *Camus*, *Martineau*, *Treilhard*.

Le président d'Ormesson lui-même, qui était secrétaire, et qui était tout, en matière de science et de talent, plutôt que d'être zélé catholique et révolutionnaire, était cependant d'une famille janséniste, et, en quelque manière, initié dans les principes sévères de cette secte : de sorte qu'il ne faisait pas parti d'opposition dans le comité.

Les faux rapports des avocats du clergé qui étaient membres du comité, et qui avaient en leur faveur un préjugé d'en savoir plus que d'autres en matière canonique, précipitèrent toutes les décisions, et firent sortir cet ouvrage inconsidéré qui a causé tant de malheurs à la France. Cette production brille sur-tout par la sottise d'avoir voulu rétablir, à la fin du XVIIIe siècle, un clergé semblable à celui de la primitive église, sans avoir préalablement changé les hommes et les circonstances de temps; mais le délit universel de l'assemblée constituante étant l'ignorance dans l'art de connaître le cœur humain, pourquoi voudrions-nous attendre plus de science de ce comité, qui, dans son travail, avait le double embarras de faire un code divin et de détruire un ordre de l'état ?

Le serment qu'on exigea du clergé obligeait à reconnaître le transport des juridictions sans le concours du chef de la religion, que l'église gallicane regardait comme le souverain dispensateur de la mission apostolique envers tous les fidèles de la chrétienté.

Ce serment fut proposé aux quatre-vingt-trois évêques conservés et à leur clergé, avec la liberté du refus. En effet, presque tous les évêques et une grande partie des chapitres cathédraux, des curés et des vicaires, refusèrent de le prêter : ceux qui se soumirent ont fondé le schisme ; ceux qui acceptèrent les postes, vacans par le refus, ajoutèrent le schisme à l'intrusion.

Les curés et les vicaires qui prêtèrent le serment et conservèrent leurs postes sont tous schismatiques, il est vrai ; mais combien parmi eux ont été aveuglés par des passions dont le sacerdoce ne dépouillait pas l'homme, et qui sont étrangères à ce qui constitue le schisme formel.

Pourquoi ce poison subtil des révolutions, ce fluide révolutionnaire, qui a gâté, en France, les meilleurs esprits et les cœurs les plus droits, n'aurait-il pas pu pénétrer dans la tête de certains curés, et les aveugler jusqu'au schisme matériel?

Pourquoi ce curé qui, avec les revenus de sa cure, soignait toute sa famille pauvre, secourait un père, une mère malades, n'aura-t-il pas pu être entraîné irrésistiblement par la pitié, par la charité elle-même, par les liens du sang, et arriver par ces voies, trop justement spécieuses, au schisme matériel ?

Pourquoi ce curé perclus dans un lit, et qui n'avait que le revenu de son bénéfice pour se soigner, payer sa garde, son médecin et son chirurgien, n'aurait-il pas pu arriver, par cette trop pardonnable faiblesse humaine, au schisme matériel?

Pourquoi ce curé, ignorant jusqu'au jour de la révolution, n'aura-t-il pas pu l'être encore, lorsqu'on lui demanda le serment, et croire que ce qu'il faisait par force ne le liait pas, et arriver, par cette faute de l'évêque qui avait fait un curé ignorant, au schisme matériel?

Pourquoi ce curé instruit n'aura-t-il pas pu se persuader par de faux raisonnemens, qui ne sont incompatibles ni avec l'instruction, ni avec la fidélité à la religion, ni avec le sacerdoce, que son serment ne l'obligeait pas, et par cette erreur d'esprit, arriver au schisme matériel?

Pourquoi cet autre curé, instruit, pasteur tendre, et de long-temps attaché à son troupeau, n'aura-t-il pas pu être dupe de son attachement, et arriver, par une affection illusoire, il est vrai, mais trop respectable, au schisme matériel?

Pourquoi ce curé, livré à lui-même, connaissant la révolution, n'a-t-il pas pu, avec un esprit pénétrant, se faire illusion sur son serment, à cause qu'il jugeait son intention contraire, et prévoir qu'il serait utile à la religion elle-même, en n'abandonnant pas son poste, et, par cette erreur religieuse, arriver au schisme matériel?

Cependant tous les schismatiques ne peuvent pas avoir accès parmi ces classes que nous avons désignées. Il y en a qui le sont formellement, c'est ce petit nombre qui a ajouté l'apostasie au schisme; ceux-là, nous les livrons à leurs remords et à la pénitence publique.

Il y en a d'autres qui, sans avoir apostasié, ont ajouté au schisme, quant à la juridiction, celui de se permettre le mariage; ceux-là, nous les recommandons aux maisons de charité qui s'occuperont de leur misère et de celle de leurs enfans, c'est là qu'ils cacheront la honte de leur dépravation, qu'ils doivent sans doute expier pour le temps de révolution et les temps précédens.

Il y a des ecclésiastiques schismatiques par goût. Parmi ceux-là, il y en a qui ont joint au schisme radical celui du mariage, et de plus l'apostasie. Nous confions la conversion de ceux-là, de quelque nuance qu'ils puissent être, à l'éloquente et énergique prédication du mépris universel.

Cependant il faut distinguer, parmi les curés et ecclésiastiques mariés, ceux qui, restés en France, se marièrent par l'effet de la terreur, pour échapper à la guillotine; ceux-ci sont susceptibles de subdivisions. Il y en a qui, ne se croyant pas liés par l'acte municipal, le détruisirent, aussitôt que cela fut possible, par un autre acte municipal. Ceux-là, pour la plupart, vieux ou jeunes, avaient épousé de vieilles femmes. Il y en a d'autres qui, s'étant également mariés par l'effet de la terreur, se trouvent enveloppés dans les suites irrévocables de l'union conjugale. Il faut rire du mariage des premiers, et compatir aux faiblesses humaines en pensant aux seconds.

Voilà à-peu-près ce que c'est que le schisme en France : ne serait-il pas injuste de le traiter avec rigueur, lorsque la plupart de ces schismatiques méritent indulgence, et que ceux qu'il faut livrer au mépris public ne forment que le petit nombre?

CHAPITRE XLVIII.

Intrusion.

On accusera peut-être notre morale d'être un peu relâchée envers les simples schismatiques; mais nous ne sommes pas tentés de céder à ce rigorisme. Nous craignons cependant de ne pouvoir pas traiter de même les schismatiques intrus.

Ceux-ci sont presque tous formellement dans le schisme, plusieurs d'entre eux sont coupables d'apostasie, une grande partie s'est mariée.

Les hommes qui composèrent la constitution civile du clergé n'étaient pas corrompus; leur ouvrage ne porte aucun signe de dépravation; c'est cependant elle qui lui donna l'exécution.

Il est à observer que l'intrusion rebuta dans les commencemens, puisque les postes vacans par les non jureurs ne se remplissaient pas: c'était une critique fondée de la nouvelle réforme du clergé; il y avait une loi qui privait de la pension d'indemnité l'ecclésiastique qui devenait fonctionnaire; cette loi fut abrogée en faveur des religieux et des moines; alors les cures furent remplies.

Quelque rigueur donc que l'on veuille exercer envers les intrus, on est obligé de confesser que, parmi eux, il y en avait un certain nombre en qui l'intrusion ne supposait aucun délit contre l'église, mais seulement le vice de l'avidité commun à tous les hommes, et non incompatible avec la foi et la chasteté presbytéromonacale.

Je ne louerai pas ces moines; mais j'aurai pitié d'eux comme de tous les hommes faibles à qui des méchans tendent des piéges. Du reste, on a lieu d'être étonné qu'il y en ait eu si peu qui aient donné dans les excès de la révolution, eux qui vivaient tous sous des constitutions plus ou moins républicaines, et que l'on a toujours vus, dans les autres temps, dépasser les gens du monde dans la carriere des vices, lorsqu'ils désertaient le cloître.

En général, les intrus obtiennent notre indulgence lorsqu'ils se rapprochent de quelques-unes des classes de simples schismatiques que nous avons cru pouvoir excuser; mais ce nombre est petit, parce que c'est parmi eux que se trouvent les grands et les petits apostats, et le plus grand nombre des prêtres qui se sont mariés, dont le schisme a dû être formel. Outre que l'intrusion, considérée seulement sous un rapport civil, porte avec soi un caractère flétrissant, la morale la plus relâchée n'a jamais estimé celui qui prend la place d'un autre qui vit encore.

Les intrus perdent tout droit à l'indulgence

lorsqu'ils sont de ceux qui, pour mieux s'établir dans leur place usurpée, servirent le terrorisme avec le plus de zèle, armèrent les révolutionnaires enthousiastes contre les non jureurs, et qui, après le premier pas qui les jeta dans la carrière des atrocités, l'ont fournie avec plus d'animosité et de cruauté, qu'aucune autre classe de terroristes. Il n'y avait aucun soulèvement, il n'y avait aucun comité ou tribunal révolutionnaire qui ne fût animé par la barbarie de quelque intrus; mais ceux-là aussi ont été les mieux punis de tous les terroristes : on les a guillotinés comme les autres, on les a méprisés plus que les autres. Ceux qui restent sont réduits à la plus parfaite misère, et condamnés à l'oubli le plus profond, dans les choses civiles et politiques.

Leur règne est entièrement fini aujourd'hui. L'intrusion est une secte qui finira avec les individus qui la composent. Les délits de ces derniers ne furent presque jamais directement contre la religion; s'ils la renversèrent, ce fut dans les emportemens de leur dépravation.

Leur conduite a un rapport direct avec la barbarie des sauvages, et il n'y a aucun moyen de rapprochement entre eux et ces hommes qui, en divers temps, ont déchiré le sein de l'église par le schisme et par l'hérésie.

L'intrusion est une tache que le soleil de la religion

fera disparaître par la seule chaleur de ses rayons.

L'église ne doit pas craindre cette secte; elle n'a ni ame ni racine. Il n'y a en France aucune religion privilégiée, mais, de toutes les sectes, la moins considérée par les peuples est l'intrusive; elle est la moins regardée par les hommes de talent; elle est de plus condamnée à être honteuse de sa propre existence, parce qu'elle ne peut pas se déguiser qu'elle n'a que des sectateurs matériels.

Parmi les circonstances qui caractérisent l'intrusion, la manière dont furent consacrés les évêques intrus mérite d'être remarquée. C'était l'usage en France, comme dans toute l'église, que la cérémonie du sacre des évêques donnât deux assistans pontifes au pontife consécrateur : on n'osa pas déroger à cet usage, quoiqu'il ne fût qu'un cérémonial; de sorte que le sacre des intrus fut long-temps différé, par l'absence d'un troisième évêque : on persécutait l'évêque de Babylone, qui refusait avec opiniâtreté; mais il était de la secte des illuminés, et ceux-ci étaient presque tous jacobins dans un certain sens; ils le tourmentèrent tant, qu'enfin son imagination illuminée lui fit apparaître dans une nuit J. C., qui lui ordonna de consacrer les intrus. Nous avons déjà eu occasion de faire connaître comment, en d'autres circonstances, cette ridicule secte des illuminés a servi la révolution.

L'intrusion n'a eu aucun des caractères de l'hérésie, ce n'est point l'église gallicane, ou une partie de cette église, ou un de ses membres qui s'est élevé contre la communion romaine pour combattre le dogme ou la discipline; c'est une portion de l'ordre ecclésiastique qui a suivi un torrent désorganisateur en politique, comme en religion et en morale simple. Les auteurs du schisme ne sont pas même ecclésiastiques; la plus grande partie des schismatiques est matérielle; les apostats et les intrus scélérats sont partiels; ceux qui se sont mariés, pour la plupart, l'ont fait par une peur plus que raisonnable. Si l'église ne les ramène pas tous, la génération future parlera des persévérans comme de simples entêtés, coupables d'une incorrigible dépravation que la révolution n'engendra pas, mais qu'elle modifia horriblement, et jamais comme de sectateurs aveugles ou éclairés, d'une hérésie ou d'un schisme.

CHAPITRE XLIX.

Législature.

L'ASSEMBLÉE nationale, dans sa constitution datée de 91, avait créé en France un gouvernement représentatif sous le nom de législature, composée d'un corps législatif et d'un pouvoir exécutif héréditaire, avec le nom de roi; mais à qui elle avait ôté toute sorte de dignité.

Ce nouveau gouvernement, comme représentatif d'une nation nombreuse, manquait du balancement des pouvoirs. Il n'y avait point d'opposition constitutive pour éclairer le jugement du pouvoir exécutif à qui on avait donné le *veto*. L'opposition incidentelle et variable, qui se forme dans toutes les assemblées délibératives, ne pouvait pas avoir un meilleur effet dans l'assemblée législative que dans l'assemblée constituante; elle devait être sujette aux mêmes inconvéniens. L'esprit de parti s'introduisit aussitôt dans cette assemblée, et elle se trouva, presque dans ses premières séances, divisée, non en deux partis d'opposition, mais, comme l'assemblée constituante, en parti régnant et en parti écrasé.

Par l'oubli de la création d'une opposition

constitutive, il fut trop laissé aux simples lumières du pouvoir exécutif, lorsqu'il était appelé à donner sa sanction, ou à poser le *veto* aux lois qu'on lui présentait. Les faiseurs de constitution en France ont senti ensuite cette défectuosité. Ils ne la réparèrent pas entièrement; ils firent voir qu'ils connaissaient le principe, puisqu'ils l'appliquaient en partie, comme on peut en juger, dans la constitution de l'an IV.

Le pouvoir exécutif, au lieu de juger la question avant de se décider à refuser, ou à accorder sa sanction, sur deux discussions, sous deux formes différentes, ce qui l'eût mis en état de débrouiller ce qui tenait à l'esprit de parti, ne pouvait juger que d'après une seule discussion, ou souvent d'après la loi en soi, laquelle avait été faite tumultueusement.

Lorsqu'un pouvoir exécutif est revêtu du *veto*, on doit regarder comme certain, que le pouvoir législatif est un conseil qui lui est donné par la nation, pour éviter les inconvéniens de la dépendance; or, si le législateur ne donne pas à ce conseil une forme constitutive, qui, en conservant l'indépendance, éloigne autant qu'il est possible l'occasion de l'erreur, pour le pouvoir exécutif, alors il n'arrive pas au but des gouvernemens représentatifs. Jusqu'à présent on ne connaît qu'un moyen d'y atteindre, c'est la division du conseil national en deux parties. Ce principe fut reconnu des anciens; et le seul bon gouvernement vraiment représentatif qui existe, celui des états-unis de l'Amérique, doit sa conservation à l'emploi de ce moyen. Ce n'est pas ici le cas d'entrer dans les détails qui regardent la forme qu'aurait dû avoir ce conseil divisé, puisque ce gouvernement n'existe plus.

Le pouvoir exécutif avait aussi son genre de défectuosité en matière de gouvernement représentatif. C'était un roi, il est vrai, mais un roi dépourvu de toute dignité, premier fonctionnaire public, premier citoyen actif, le premier entre ses égaux. Ce langage tenu au Français, qui outre tout, conduisit, comme nous le verrons plus bas, à ce qu'on lui manquât de respect dans toutes les occasions.

Par le fait de la constitution, le roi était dispensé d'aimer le peuple et de s'intéresser à lui. On avait fait du pouvoir exécutif un lutteur contre les autres autorités, dont les succès comme les défaites devaient être désastreux pour la nation. Ou il ne faut point de roi, ou il faut qu'il doive indispensablement placer son bonheur dans celui de son peuple, et qu'il ne puisse être heureux que lorsqu'il en est le père. La constitution de 91 avait si bien détruit ces bases, avait si bien renversé les idées des Français, qu'ils eussent été offensés, si le roi les eût appelés mes enfans.

Un gouvernement constitué avec tant de contre-sens ne pouvait pas avoir une longue existence; et, dans sa courte durée, il devait causer de grands maux, sur-tout lorsque ses auteurs, les seuls qui fussent dans le cas de remédier aux inconvéniens, le confiaient, par un faux patriotisme produit par la timidité, à des hommes qu'ils avaient précédemment électrisés par un millier de mal-adresses; qu'ils appelaient au timon de l'état, dans le fort de la commotion, des hommes qui n'étaient encore capables que de mouvemens convulsifs, et de tous les effets du délire le plus extravagant de la fièvre de la liberté et de l'égalité. Les constituans ne se souvinrent plus qu'ils avaient excité eux-mêmes ce délire, lorsque la peur leur fit décréter une constitution qui contredisait les principes de cette égalité, et donnait même au pouvoir exécutif les moyens de la détruire entièrement. Ils prirent la fuite en se donnant l'exclusion de l'assemblée législative, où ils eussent été si nécessaires pour contre-balancer l'esprit de renversement qu'ils devaient se repentir d'avoir créé.

L'assemblée constituante se retira, comme si la révolution avait été achevée et consolidée; comme si toutes les passions qu'elle avait successivement agitées, dans ses trente mois d'existence, eussent été appaisés. Nous allons voir dans quelle situation contraire était la France, par ce qui se passa dans l'assemblée législative, et pendant sa durée.

Les premiers actes de cette assemblée furent des actes séditieux; elle ouvrit ses discussions par l'indécente question sur la largeur, la hauteur et la couleur du fauteuil du roi, sur la manière dont le président de l'assemblée disputerait de préséance avec lui.

Pour la première fois, le roi fut humilié en France, par un discours prononcé en face de sa personne; le président fut se préparer dans l'éloignement; on eût cru qu'il avait été se receuillir pour parler avec dignité. Point du tout, il fut enfanter un discours, dans lequel, donnant des leçons au roi, il intervertisssait l'étymologie reçue du mot royauté, et lui fit savoir qu'elle ne supposait plus des sujets. L'assemblée constituante l'avait dit de cent manières, en déracinant toutes les prérogatives royales: mais, on ne peut pas lui reprocher d'avoir jamais manqué de respect au roi, parlant à sa personne; elle ne s'oublia pas même, dans une des circonstances les plus critiques pour lui, lorsqu'il fut reçu aux Tuileries, arrivant captif de Varennes.

Ce président était un homme du tiers, il devait donc respecter un roi qui, seul dans la noblesse, rendait justice au tiers. On connaît tous les talens de ce président, il a bien prouvé dans la suite qu'il avait été entraîné et égaré comme les autres; mais il est malheureux pour lui que son destin l'ait appelé, comme président de l'assemblée, et comme tel alors le premier des Français, à faire ressortir, dans sa qualité collective, à côté du roi même, l'ingratitude universelle qui a poursuivi imperturbablement ce prince infortuné, jusqu'à le pousser sous la guillotine.

L'assemblée nationale, dans ses diverses périodes, avait excité toutes les commotions possibles en France; elle avait créé les assemblées populaires, elle avait autorisé et fondé les clubs des jacobins, elle avait mis les armes dans les mains du peuple, avait répandu, sans distinction de voies et de moyens, les principes les plus séditieux, avait réveillé les passions les plus turbulentes. Pour comble de ses inconséquences, et comme pour poser le sceau à son inexpérience dans la science de gouverner les hommes, et à son ignorance dans l'art de connaître le cœur humain, elle créa une royauté ridicule, il semble, afin qu'elle pût être détruite par tout autre que par elle.

Elle avait toujours été timide lorsqu'elle délibérait avec quelque sang froid; mais toujours horrible dans les actes qu'elle faisait ou qu'elle provoquait, comme entraînée par la secousse générale.

Elle appela ses successeurs comme s'ils eussent dû être des anges; ceux-ci, au contraire, au lieu d'être les députés de la nation, furent les émissaires des factions, des assemblées populaires, des clubs des jacobins, de l'agitation, de l'effervescence, de l'inquiétude, de l'altération, de l'exagération, et de la science des émeutes et des insurrections.

Le concours de tant de passions désordonnées, rendit tumultueuses toutes les délibérations de l'assemblée législative. Le fâcheux usage des soulèvemens du peuple fit recourir au tumulte extérieur pour appaiser le tumulte intérieur; mais les dehors prirent un tel ascendant sur le dedans, que l'on entendit à la tribune ce fameux mot de Condorcet : *Et moi aussi je suis sans-culotte*, parce qu'alors, pour s'asseoir tranquillement dans le manége, il fallait être enrôlé parmi les délibérans de la terrasse des Feuillans.

Cette assemblée, quoique réunissant beaucoup de talens, n'eut pas ces beaux momens de l'assemblée nationale, lorsque, n'étant encore que chambre du tiers, elle était indécise et dans le doute, sur son sort futur, et sur ses opérations. Sa science et son éloquence, par leur cours majestueux, dans cet état de simple agitation et de flottante inquiétude, produisaient les effets de l'enchantement. L'assemblée législative arriva, déjà irritée et comme rugissant, résolue de rompre les chaînes dont la constitution l'avait liée. Tous ses actes portèrent donc le caractère, non d'une assemblée soumise à une constitution, mais celui de forcenés qui voulaient se délier et renverser, dans leurs libres mouvemens, tout ce que l'assemblée constituante avait mal respecté.

Il n'y eut jamais dans Paris tant d'émeutes, tant de mouvemens populaires, tant d'insurrections dans les fauxbourgs, que pendant la durée de cette législature. On jeta alors les bases de ce terrorisme, qui moissonna en France si indistinctement et si justement tant de partis. Parmi ces émeutes, on en distingue trois qui seront à jamais mémorables, celle du 20 juin, celle du 10 août, et celle du 2 septembre même année 1792.

CHAPITRE L.

Le 20 Juin.

Ce jour, on eut la preuve de ce qui a été avancé, que la constitution de 1791 avait créé un roi sans dignité, et qu'on ne respecterait pas. Vingt mille sans-culottes armés profanèrent le sanctuaire de l'antique majesté royale, et furent, comme en députation, demander compte au roi du refus de sa sanction à des décrets sur le clergé, et sur les émigrés. Un d'entre eux lui parlait le sabre levé, un autre lui mit sur la tête ce signe, indifférent en soi, mais qui était devenu, dans les mains des révolutionnaires, l'étendard de la déstruction de toute institution morale et politique, le bonnet de la liberté.

Comment ce roi, qui n'a jamais tremblé dans aucune des circonstances de sa vie révolutionnaire, et qui ce jour-là glaça, par son courage et sa fermeté, la rage de vingt mille assassins, n'a-t-il jamais pu être ce roi qui, dans cent occasions, aurait dû arrêter, dans leurs courses, les désordres de la révolution? c'est que, trop long-temps enthousiasmé des faux attraits de la philosophie, il ne s'apperçut de ses erreurs que lorsqu'il n'y avait plus de remède. Il y eut de sa faute, il était homme; il le savait, parce qu'il n'était pas ignorant; il en gémissait, parce qu'il était bon souverain; ce n'est pas à nous à lui en faire des reproches.

CHAPITRE LI.

Le 10 Août.

La reine, en faisant dissoudre l'assemblée constituante, résista au petit nombre d'amis qui l'entouraient encore, et qui lui conseillaient de la faire prolonger, au lieu d'en faire convoquer une autre. Elle voulut absolument que ce changement eût lieu, et chargea un député de le faire réussir, avec les secours de la liste civile. En effet, l'assemblée constituante se sépara; mais, pour le grand malheur de la reine elle-même, du roi et de toute sa famille.

Les législateurs, presque tous chefs de séditions dans les départemens, étaient experts dans l'art de faire réussir les émeutes; ils étaient bien plus entreprenans que les constituans, et l'on peut dire, bien plus adroits dans la carrière de la malveillance et du renversement. Long-temps avant le fatal jour dont il s'agit, ils avaient ourdi la catastrophe activement et passivement, c'est-à-dire, qu'ils avaient entouré le roi et la famille royale, de faux amis qui servaient leurs abominables projets.

La révolution, dans leurs sens, ne pouvait pas se combiner avec l'existence du roi. Cependant, jusqu'alors, nulle insurrection n'avait pu leur procurer le résultat qu'ils souhaitaient. Ils imaginèrent de faire donner au roi des conseils qui devaient favoriser leur entreprise, dans le même temps qu'ils électrisaient les faubourgs; et, dans le cas que ces conseils ne fussent pas suivis, il y avait des gens appostés pour mal exécuter des ordres, que des conseils contraires à leurs vues eussent pu faire donner.

Parmi les démarches que l'on suggéra au roi, on lui insinua de se réfugier dans l'assemblée législative, s'il y avait pour lui, aux Tuileries, quelque danger trop grand ou insurmontable. Ce fut là le grand piége qui lui fut tendu; il s'y laissa prendre, malgré l'avis qu'il reçut dans une lettre qui lui fut écrite le 9 août; elle était à-peu-près conçue en ces termes : « Sire, j'apprends « que l'on vous conseille de vous réfugier dans « l'assemblée; vous êtes perdu si vous suivez « ce conseil. J'avertis votre majesté du danger « qu'on veut lui faire courir. » Le roi reçut cette lettre, résista à l'avis; mais il eut le temps de la mettre dans la cachette, où on l'a trouvée.

Le 10 août arrivé, rien ne se passa dans le palais des Tuileries comme le roi s'y attendait; il se srut donc obligé de se réfugier dans l'assemblée. Il prononça en entrant ce mot célèbre par sa bonne foi et par l'effet qu'il dut produire sur les sens de ceux qui avaient conduit les fils de l'insurrection.

Je viens, leur dit-il, parmi vous, pour éviter un grand délit au peuple de Paris.

Le roi crut lier l'assemblée par cette démarche de confiance, et convertir en procédés délicats, les projets que l'on pouvait avoir formés contre lui; il se trompa.

Les secours qu'on lui accorda consistèrent à le faire enfermer dans les tours du Temple. Les législateurs ne virent dans la confiance du roi que l'affranchissement des difficultés qu'il pouvait y avoir, si on avait tenté de se saisir de sa personne dans son palais, ou que l'on eût voulu convertir son appartement des Tuileries en prison étroite, pour y détenir, comme il leur convenait, un roi qu'ils destinaient à la mort.

Cet événement du 10 août fut suivi de la convocation d'une convention par les moyens les plus expéditifs; et le roi, en attendant le sort qui serait prononcé sur lui, fut de plus en plus resserré dans le Temple avec toute sa famille. Il y apprit le 22 septembre que la convention assemblée la veille, avait prononcé sa déchéance, pour crime de conjuration contre l'état, et avait déclaré la France république.

CHAPITRE LII.

Le 2 Septembre.

Le 10 août, l'assemblée législative s'investit de l'autorité exécutive; mais, depuis ce jour-là jusqu'au 2 septembre, un pouvoir exécutif, plus fort qu'elle, le peuple, à qui l'assemblée constituante avait mis les armes à la main, emprisonna à tort et à travers dans les prisons ordinaires, dans des monastères et autres lieux convertis en prisons, les suisses, les officiers de la garde du roi, les prêtres non jureurs, tous ceux qui étaient réputés encore amis du roi, de la monarchie et appelés aristocrates, les parens des émigrés, etc.

Le pouvoir exécutif co-législatif, nomma, ce terrible jour, des commissions appelées des prisons, qui, avec une forme de procédure inconnue, firent descente dans tous les lieux de détention. Par des moyens plus prompts encore que la justice prévotale, et avec des formules de sentence neuves et convenues, ils firent massacrer, dit la

Chronique, quatorze mille personnes, prêtres, magistrats, militaires et beaucoup de femmes. Parmi ces victimes, on compta la princesse de Lamballe, dont le cœur et la tête furent portés, dans tout Paris, au bout d'une pique.

Le mot général de sentence de mort, était, qu'*il soit élargi ;* ce qui dans la pratique du palais, signifiait, remis en liberté comme innocent ; dans le sens des commissaires des prisons et de leurs exécuteurs, il signifiait, qu'*il soit égorgé*.

Cet investissement du pouvoir exécutif dans la représentation législative n'avait été qu'un mot ; le vrai pouvoir exécutif était le peuple enflammé et hors de soi, enivré de la rage de la section des Jacobins, qui, depuis, fut appelées des Septembriseurs. Ce désordre anarchique avait commencé le 10 août, et dura jusqu'au jour où un gouvernement atroce, qui excluait toute idée d'anarchie, fut mis en exercice, sous le nom de comité de salut public.

Nous nous taisons sur le détail des horreurs qui furent commises dans la durée de cette déplorable commotion, parce que nous ne voulons pas que l'on quitte notre livre comme on discontinue la lecture des journaux des prisons, ou tous ces faits sont rapportés avec toutes leurs circonstances ; notre but n'est ni de toucher, ni d'épouvanter. Il a toujours été, comme on a vu jusqu'ici, de suivre la révolution dans ses événemens caractéristiques, démêlant, à travers la multitude des opinions de l'esprit de parti, les causes et les conséquences; voulant empêcher qu'on les confonde ensemble, sur-tout qu'on veuille toujours ne rien excuser, par égard pour les faiblesses de l'humanité, et qu'on attribue tout à des hommes qui n'ont été, pour la plupart, que des vils instrumens.

Ce fut dans l'intervalle qui joignit, le 10 août au 22 septembre, que furent faits les décrets sur la déportation du clergé, que furent donnés les ordres arbitraires de Roland de la Platière à ce sujet, que les départemens, les districts et les municipalités, livrés à eux-mêmes par le fait de l'anarchie, adoptèrent des moyens plus ou moins violens dans l'exécution des ordres et des décrets. Il y avait telle municipalité imbue de l'esprit septembritique, qui ne donnait point de passe-port aux prêtres sans y insérer leurs qualités, et de plus, celle de réfractaire; c'était une sentence de mort pour celui qui le portait, si avant d'être découvert par quelque septembriseur, il ne passait pas dans une municipalité modérée, qui échangeât ce passe-port pour un autre de simple voyageur. Parmi ces municipalités modérées, nous citerons Orléans, qui n'eut pas peu de ces saintes trahisons à commettre.

Si l'émigration française n'avait eu lieu que dans ce moment, et avec les motifs puissans que fournissait l'anarchie de ce temps-là, on n'eût jamais pu la comprendre parmi les émigrations qui ont l'esprit de parti pour cause, et que le parti vainqueur punit par le dépouillement.

On compte que l'émigration peut avoir été, dans ses diverses nuances, de cent cinquante mille individus. On doit s'étonner qu'à cette époque de la révolution française, elle n'ait pas été des trente-neuf quarantièmes de la nation; ce qui est la proportion entre le jacobinisme et l'anti-jacobinisme.

Il ne s'agissait plus, depuis l'emprisonnement du roi et la paralysie du gouvernement, d'arrêter ou de tuer les soi-disant aristocrates, les prêtres jureurs ou non jureurs. La chasse était générale; c'était le jaloux qui tirait sur l'amant heureux, l'envieux qui tuait son concurrent, le débiteur qui assassinait son créancier, tous périssaient accusés du délit d'aristocratie. Cependant la majorité, presque absolue, ne s'en doutait pas; il était alors aussi faux que les trente-neuf quarantièmes de la nation fussent aristocrates, qu'il est hors de doute aujourd'hui, que les trente-neuf quarantièmes ne sont point entachés de jacobinisme.

Lorsque les jacobins étaient si bien servis, par tant de vices qui n'appartiennent pas à l'esprit révolutionnaire en soi, le quarantième de la nation ne suffisait-il pas pour faire émigrer les autres trente-neuvièmes? Notre opinion n'est point ébranlée par la disproportion qu'il y a entre trente-neuf et un.

Le nombre des hommes vicieux est, sans contredit, plus grand que celui des hommes vertueux; cependant, en temps de paix et de tranquillité, les bons effets de la vertu surpassent de beaucoup les mauvais effets du vice. Le contraire arrive dans les temps de trouble et d'insurrection, parce que ceux qui sont tièdement vertueux servent le crime et ses agens, par l'apathie et cette insignifiante résignation, qui est la valeur des tièdes.

CHAPITRE LIII.

Déportation de l'an Ier.

LA déportation du clergé de France prit son origine dans la confiscation de ses biens, et dans l'estimation exagérée de ses revenus, appuyée sur les rapports de mauvaise foi faits à l'assemblée nationale, par des avocats du clergé qui en étaient membres.

La fausse évaluation des revenus, jeta les auteurs de la constitution civile du clergé dans des erreurs encore plus dangereuses; de sorte que la déportation devint, pour la révolution, une mesure de nécessité absolue.

Ceux qui connaissaient les richesses du clergé de France, avaient prévu la déportation dès le 2 novembre 1789. On avait supprimé les dîmes, on avait confisqué les biens, comme ressource de finances, avec le respect apparent pour les usufruitiers, et le plan de faire un sort au clergé qui serait conservé; mais, on trouva que les biens du clergé, divisés dans les mains des particuliers, ne rendaient que 72,000,000 liv., somme qui ne suffisait pas pour le clergé conservé. Il fallait donc mettre des impôts pour les pensions du clergé supprimé : dès-lors la mesure ne fut plus utile aux finances; c'était cependant là le but principal; on eut recours à des expédiens que l'on va détailler.

Le besoin d'argent ne pouvait pas diminuer, parce qu'on s'était trompé sur la valeur des biens du clergé; au contraire, il était augmenté par le travail inconsidéré qu'on avait fait sur le corps et sur les membres. Il eût fallu, en conséquence de ce travail, mettre trois fois plus d'impositions que ne rendaient les biens confisqués, et le trésor public ne gagnait encore rien. Pour premier expédient de finances, on exigea des fonctionnaires publics ecclésiastiques, un serment national. Le décret qui l'ordonna, portait la clause que celui qui ne voudrait pas le prêter perdrait son poste, et conserverait une pension. Beaucoup de fonctionnaires publics refusèrent de prêter ce serment; l'expédient fut reconnu mauvais, puisque le poids des pensions augmentait l'embarras du trésor public.

Les expédiens en finance, mêlés avec les formes révolutionnaires, ne peuvent engendrer que des horreurs; on en fit bientôt l'expérience.

Le refus d'un serment par raison de conscience, en perdant une partie de son revenu, fit des partisans aux non jureurs. Ceux qu'on mit à leurs places eurent, presque par-tout, l'opinion publique à combattre; et il était difficile qu'ils pussent la ramener à leur faveur par des voies douces. Ils prirent le parti, en suivant l'esprit des auteurs du serment, de provoquer une persécution contre les non jureurs. Les formes barbares et sanguinaires furent le premier pas qu'on fit, dans l'exécution de ce plan; on les emprisonna, et, peu de temps après, on les égorgea. Dans la soirée du 2 septembre 1792, plusieurs milliers furent massacrés aux portes des prisons et des lieux où on les avait enfermés; le même massacre fut ordonné dans tout le territoire de la France; il y avait des départemens où l'on tirait sur eux comme sur des lapins.

Ce sinistre et épouvantable événement, provoqué par les terroristes, fut un moyen plus que suffisant pour continuer leur projet. On déclara tous les non jureurs perturbateurs du repos public; on les condamna à la déportation. Les effets des manœuvres du terrorisme avaient été si terribles, qu'on ne pouvait mieux servir ces non jureurs, appelés réfractaires, qu'en leur donnant les moyens de s'en aller.

Le décret de déportation ou un décret subséquent, porta que tout prêtre déporté qui prouverait sa résidence hors le territoire français, jouirait de sa pension; mais une semblable clause ne pouvait qu'être illusoire, lorsque l'expulsion avait pour cause l'embarras des finances. Cela est si vrai, que le refus qu'on leur fit de payer ces pensions, n'ayant pas encore suffi pour satisfaire les besoins révolutionnaires, on arriva à l'expédient de ne plus payer, même les prêtres jureurs, quoiqu'ils eussent si bien servi le terrorisme.

La déportation a été ensuite, ainsi que l'émigration, un cheval de bataille, sur lequel sont montés, alternativement, tous les partis lorsqu'ils ont eu besoin de distraire l'attention des Français. Ce ressort révolutionnaire a produit, sur les déportés, une multitude de décrets toujours plus iniques, puisque aucun ne manquait de renouveler la peine de mort pour les déportés rentrés.

Parmi tous les écrits que cette mesure de terrorisme produisit, on a dû remarquer une lettre écrite, de propre autorité, par le ministre de l'intérieur Roland de la Platière. Il mandait à tous les départemens que le territoire de la république devait être entièrement purgé de l'engeance des prêtres jureurs ou non jureurs, jurés ou réfractaires, fonctionnaires publics ou supprimés, séculiers ou réguliers; c'était une vermine qu'il fallait balayer, et dont on devait nettoyer le sol qu'elle profanait.

C'est en conséquence de cette lettre qu'il y a eu dans la déportation tant de prêtres qui n'étaient pas compris dans le décret originaire. Si toutefois la plupart n'avait pas des motifs plus pressans encore, qui étaient d'éviter de servir de gibier aux chasseurs du terrorisme.

On n'allait plus que d'expédient en expédient. Le parti des non jureurs augmentait en proportion de ce qu'on les persécutait, et de ce qu'on tourmentait leurs partisans. Le terrorisme donna alors une preuve qu'il était savant dans l'art d'exciter les vices. Par un décret, les déportés furent déclarés morts, et leurs successions patrimoniales ouvertes en faveur de leurs héritiers de droit; c'était un moyen sûr de diminuer le nombre de leurs partisans d'autant de personnes qui étaient appelées au partage de leurs biens.

Enfin, les mêmes principes de modération et de jusice, qui furent renversés le 18 fructidor an cinq, ayant de nouveau repris faveur sous le gouvernement consulaire, les prêtres déportés ont été rappelés à leurs droits de patrie.

Les prêtres français existaient sur le territoire étranger, ou comme ayant été compris dans la loi de déportation, ou comme chassés par l'ordre arbitraire de Roland de la Platière, ou enfin comme ayant eu le bonheur d'échapper à la battue terrorique, par divers déguisemens, de dangers en dangers, de cavernes en cavernes. Est-il un prêtre de qui on pût exiger le courage de se montrer en France le lendemain du 2 septembre, et pour qui cette journée ne soit un titre imprescriptible pour rentrer dans tous ses droits, comme ecclésiastique et comme Français?

Nous pourrions jeter la base de leurs droits sur l'injustice qui a précédé la déportation; mais nous avouons que cette manière de tant s'éloigner du point où nous sommes conduirait, il est vrai, à résoudre des questions qui seraient en leur faveur, quant au droit; mais qui seraient d'un résultat nul, quant aux effets. On prouverait un million de fois qu'on n'avait pas droit de les dépouiller de la manière dont on les a dépouillés, qu'ils n'en sont pas moins dépouillés, de cette manière, sans aucune espérance de retour.

En renonçant donc à toute sorte de droits, devenus illusoires par le renversement des bases fondamentales, nous appuierons leurs réclamations sur le décret de déportation, sur les décrets qui l'ont suivi, sur l'article 94 de la constitution de l'an 8, et sur le décret de rappel de l'an 9.

Le décret de déportation et d'autres qui le suivirent déclarèrent que tout prêtre déporté, qui constaterait sa résidence sur un territoire étranger, jouirait de sa pension d'indemnité et du produit de ses biens patrimoniaux. Ces décrets n'ont eu aucune exécution; mais ils n'en sont pas moins un fondement inébranlable pour réclamer au tribunal de la nation, d'une part, les indemnités promises à ceux dont on a déclaré les biens nationaux, et, d'autre part, la restitution totale des biens patrimoniaux.

Le droit d'indemnité a deux bases, la loi qui l'avait accordée lors de la confiscation des biens, et dont le clergé a joui jusqu'à l'époque de la déportation, et l'article 94 de la constitution de l'an 8.

Le premier titre n'a besoin ni de discussion ni d'interprétation; il ne lui manque que d'être remis en exécution, lorsque les finances de l'état le permettront.

Le second est sujet à diverses questions, et demande qu'on traite plusieurs points de droit.

Il ne serait d'aucun poids que l'on répondît qu'en vertu de l'article 94 de la constitution de l'an 8, les prêtres déportés sont rétablis dans les droits qui ont été conservés par les prêtres non fonctionnaires publics, qui ont reparu en France après les dangers qui les avaient tenus cachés.

Il y a une grande différence entre les uns et autres. Ceux-ci jouissent paisiblement de leurs biens patrimoniaux, et vivent de leurs revenus; ils ont même pu obtenir des emplois qui leur donnent la subsistance; mais ceux-là n'ont point d'emplois. Pour rentrer dans leurs biens patrimoniaux, ils doivent plaider avec leur famille, ou d'autres héritiers de morts vivans; et le gouvernement se refusera peut-être à faire en leur faveur une loi qu'il pourra craindre devenir convulsive, destructive de la tranquillité nationale, et contraire au système de modération qui cherche à éloigner toutes les occasions de trouble.

Les prêtres rappelés ne peuvent donc pas être assimilés aux prêtres restés, en matière de droits. Les uns peuvent attendre une meilleure situation des finances de l'état; mais les autres ont droits, *actu*, aux indemnités, et le gouvernement doit incessamment statuer sur leurs propriétés patrimoniales, soit en obligeant à restituer, soit en remboursant la valeur de la propriété, d'après une estimation d'office; si toutefois il juge que de tels biens doivent être assimilés aux biens déclarés nationaux.

Si le gouvernement ne se soumettait pas à cette prévoyance en faveur des prêtres rappelés, on ne pourrait pas considérer le décret de rappel comme un bénéfice; ce serait un nouveau décret de déportation, qui priverait une seconde fois les prêtres déportés de leur subsistance.

Jusqu'au moment de ce décret, les prêtres déportés ont joui, hors de France, d'un supplément de subsistance, accordé aux uns par la munificence des souverains, aux autres par la charité et la générosité des peuples. Ce moyen de subsister devait finir, ou par la mort, ou par leur rappel dans leur patrie, sans qu'on puisse prétendre qu'il leur est libre de prolonger le poids de leur existence sur des nations étrangères. Celles-ci, bouleversées et ruinées par les partisans des diverses périodes de la révolution française, verraient de mauvais œil, que les prêtres rappelés continuassent de peser sur leur charité, lors qu'ils peuvent aller disputer leurs droits, et vivre de leurs propres biens, ou de la générosité française.

Le décret de rappel, uniquement parce qu'il

existe, doit donc priver, tôt ou tard, les prêtres déportés de leur subsistance chez les peuples étrangers, puisqu'ils doivent soulager leurs bienfaiteurs, et par justice, et par délicatesse, et par reconnaissance. Ce décret leur fait même perdre l'espoir de retrouver chez les nations qui les avaient accueillis une fois, la même charité et les mêmes ressources, si de nouveau ils allaient les solliciter.

Un gouvernement terroriste ne put s'empêcher de reconnaître, dans le déporté, le droit d'être maintenu sur le territoire étranger, avec ses pensions d'indemnités et ses revenus patrimoniaux. Or, si un tel gouvernement ne put se refuser de faire cet aveu dans une loi, un gouvernement modéré pourra-t-il ne pas se laisser persuader qu'il doit entretenir les déportés en France par les mêmes moyens?

Les prêtres déportés ont été également bien accueillis, et par les ennemis et par les amis de la France, par les peuples neutres, par les protestans, comme par les catholiques; nulle part ils ne sont morts de faim, par-tout ils ont vécu honorablement, par-tout on les a consolés et on a adouci leur situation; mais leur sort va être changé, si le gouvernement français ne supplée pas la subsistance que son décret de rappel leur fait perdre. Après neuf ans de déportation, ce sera dans leur patrie, à côté de leur famille, chez des Français, on peut dire, sur leurs propriétés patrimoniales qu'ils vont, pour la première fois, être en proie à la misère.

Les argumens qui provoquèrent les secours du gouvernement renversé, en faveur des habitans des îles du Vent et Sous-le-Vent, seraient trop faibles, si on s'en prévalait en faveur de la déportation : elle en a de plus forts qui lui sont propres. Cependant les cris des habitans de Saint-Domingue et de la Martinique produisirent le bon effet qu'on en attendait ; c'était sous un gouvernement qui n'était pas modéré ; c'était en faveur d'une classe qui était dépouillée, il est vrai, mais par des voleurs. Ici il s'agit d'une classe dépouillée par la nation elle-même, avec qui la nation a traité, à qui la nation a reconnu les droits dont elle réclame les effets, et à qui les mêmes hommes qui se sont emparés de leur biens, ont déclaré et protesté n'avoir sur eux aucun droit de confiscation et de saisie, par le décret qui les investissait, sur un territoire étranger, de la jouissance de leurs biens patrimoniaux, et des indemnités ecclésiastiques.

La différence entre l'émigré et le déporté est si grande, qu'elle ne peut échapper à l'observateur le moins attentif. Cependant on n'a pas reconnu plus de droits aux uns qu'aux autres, et tous, sans distinction, sont soumis aux mêmes épreuves. Jamais le déporté n'a perdu la qualité de citoyen français, pas même par présomption: cela est si vrai, qu'en vertu de la déportation, la nation, comme nation, n'a directement rien confisqué, ni saisi sur lui; on n'aurait donc pas dû les confondre avec une classe dont toutes les propriétés patrimoniales ont été déclarées biens nationaux.

N'eût-il pas été plus régulier de les assimiler aux déportés d'une autre période révolutionnaire, à qui on fit un délit d'avoir rappelé la déportation de l'an Ier? Cet acte de justice eût simplifié la situation des déportés ecclésiastiques; ils seraient revenus en France comme les déportés du 18 fructidor; comme eux, ils seraient rentrés en jouissance de leurs biens patrimoniaux; ils eussent aussitôt été aptes à tous les emplois.

Une plus longue injustice pourrait-elle être le motif d'une plus grande rigueur? les prêtres déportés n'ont jamais cessé d'être fidèles à leur patrie; leur valeur et leur gloire consistant dans la résignation, ils ont par-tout adopté le silence pour concilier l'amour de la patrie avec la reconnaissance qu'ils devaient aux peuples qui les gardaient encore dans leur sein, lorsque leurs facultés diminuaient par les invasions des armées françaises.

De l'assimilation du déporté avec l'émigré, il

s'ensuit des conséquences aussi injustes que la déportation elle-même, puisque le déporté rentre en France avec le préjugé qu'il n'a pas plus de droit sur ses propriétés patrimoniales, qui n'ont jamais été déclarées appartenir à la nation, que l'émigré sur les siennes, à qui il ne reste, jusqu'à présent, que l'avantage de pouvoir transiger à l'amiable avec ceux qui les ont acquises.

CHAPITRE LIV.

La Convention.

LA constitution de 91 n'avait prononcé l'exclusion des conventions contre aucun des membres des autres assemblées qui auraient pu les précéder, de sorte que la convention, fut composée, en général, des membres les plus irrités de l'assemblée législative, et des membres les plus prononcés du côté gauche de l'assemblée consituante, pour le renversement total de la monarchie. Ceux qui n'appartenaient pas à ces deux sources avaient déjà fait leurs preuves dans les assemblées populaires.

La convention, ainsi composée, s'assembla le 21 septembre 1792. Dès le lendemain 22, elle décréta la déchéance du roi, la chûte totale de la monarchie, et érigea la France en république.

Cette assemblée, à l'exemple de l'assemblée législative, s'investit de tous les pouvoirs, sans toutefois les exercer davantage. Le pouvoir exécutif était entre les mains des sans-culottes et des septembriseurs.

Depuis le 10 août, l'anarchie était complète, l'autorité était égale entre les municipalités, les districts et les départemens; à cela près, que les clubs des jacobins, placés à côté de chacune de ces autorités, étaient les recteurs généraux. Elle dura jusqu'à ce que le comité de salut public, composé de douze membres, fut en plein exercice.

Pendant la durée de ce gouvernement, l'anarchie disparut, mais elle reprit aussitôt après la mort de Roberspiere, et continua jusqu'à l'affaire des sections, qui fut suivie immédiatement de la publication de la constitution de l'an 4, et de l'installation de toutes les autorités qu'elle créa.

L'assemblée constituante avait duré trente mois; l'assemblée législative avait eu environ un an d'existence; celle-ci se prolongea plus de trois ans.

Le tumulte intérieur et extérieur qui avait distingué l'assemblée législative, ne fit qu'accroître sous la convention, excepté pendant les règnes du comité de salut public et de Roberspierre, qui comprimèrent tout en France, et même les intentions et les facultés révolutionnaires terroristes des membres de la convention, lorsque ceux-ci ne devaient pas servir le terrorisme dans leur sens.

C'est dans la convention, c'est sur le tableau de son ordre du jour, et dans tout ce qui s'est passé pendant son existence, que les constituans doivent aller chercher la liste de leurs erreurs; il ne se fit rien dans ce malheureux temps, qui n'eût été leur ouvrage. Il est vrai, ils en rougissent, ils sont dévorés de remords; pour la plupart, ils ont été punis de mort violente et ignominieuse, mais les maux que les uns causèrent par méchanceté, et les autres par ignorance, sont irréparables. Tout en les excusant en vue de l'incapacité humaine, et de la disproportion qu'il y avait entre eux, et l'ouvrage qu'ils durent retirer des décombres dont ils faisaient eux-mêmes partie, nous ne pouvons cesser d'être rigoureux, parce qu'ils ont commis des fautes capitales, qu'il dépendait d'eux de ne pas commettre. Ils pouvaient ne point se séparer, et prendre vingt-cinq ans pour la reconstruction de l'édifice qui avait croulé sur eux. Avec ces deux mesures, ils étaient en position de remédier à tout; ils eussent certainement montré à l'univers qu'ils avaient pu se tromper, malgré tous leurs talens, mais qu'ils n'étaient pas eux-mêmes ce fléau infernal répandu, on peut dire, sur toute la terre, par leur inexpérience, leur timidité et leur ignorance dans la science du cœur humain.

CHAPITRE LV.

Comité de Salut Public.

Ce comité était composé de douze membres ; il fut investi du pouvoir exécutif conventionnel, et s'arrogea tous les autres pouvoirs révolutionnaires, qui constituèrent son gouvernement de la terreur.

S'il est vrai qu'il est des sottises à qui nous avons donné l'exclusion de cet ouvrage, lorsqu'elles supposent une trop crasse ignorance, ce qui s'est passé sous la période de la révolution française à laquelle nous sommes arrivés, devrait aussi ne point en faire partie, parce que nous ne pouvons pas, nous, amis de la morale, de la philosophie et de la religion, laisser croire que nous pouvons compatir à tant d'horreurs, ou les justifier, ou les excuser, ou les pallier, à cause de l'indulgence que nous avons montrée pour les sottises des hommes. Cependant nous ne pouvons pas nous permettre de faire volontairement une lacune, qui nous priverait de répandre notre esprit d'impartialité sur des événemens principaux de la révolution; lesquels, s'ils ne peuvent pas obtenir notre indulgence comme la simple sottise, doivent être relevés, comme le tableau le plus complet de l'égarement et de l'aveuglement profonds, auxquels la nature humaine est sujette.

Ce comité, en sa qualité de pouvoir exécutif provisoire, établit dans les départemens, des autorités sous-exécutives provisoires. Ces autorités furent des tribunaux révolutionnaires dont relevèrent tous les autres fantômes de pouvoirs, soit départementaires, soit des districts, soit des municipalités. Tout fut pour ainsi dire paralysé en France, par l'exercice de l'autorité confiée à ces tribunaux, à des assemblées populaires et aux commissaires appelés du comité de salut public, que l'on a vus ensuite revêtus respectivement de toute la scélératesse de leur constituant.

Ces autorités firent cesser l'anarchie qui durait depuis le 10 août, en organisant un gouvernement de terreur gigantesquement monstrueux.

Ce gouvernement, pour n'être pas anarchique, dut avoir des bases, des formes, et une dépendance dans les autorités qui fît trouver le gouvernement par-tout. Or, ces principes se trouvèrent consacrés d'une manière horrible, dans l'exercice du pouvoir du comité de salut public.

La base du gouvernement était l'universelle

terreur causée par l'activité, et la présence simultanée de la guillotine sur tous les points du territoire français.

Ses formes étaient les actes réputés arbitraires, des clubs, des assemblées populaires, des tribunaux révolutionnaires; mais vraiment découlant de la théorie du gouvernement lui-même, et ne contrariant jamais sa marche, pourvu que la barbarie fût en croissant. La dépendance des autorités était parfaite, puisque une assemblée populaire, ou un club qui osait se ralentir dans sa carrière, était aussitôt englouti par la fidélité aux principes des clubs voisins. La terreur qu'inspirait la guillotine aux individus, elle l'inspirait aussi aux autorités constituées. Comment un tel gouvernement eût-il pu ne pas se soutenir, et exclure tout danger d'anarchie?

Ce gouvernement avait aussi ses principes d'exécution arrêtés; ils consistaient à niveler en France l'existence individuelle, quant à la fortune, et quant aux facultés intellectuelles.

Ainsi la loi agraire, quoiqu'impraticable, la destruction de tout ce qui était connu par le talent, de tout ce qui avait de la fortune, et de tout ce qui avait un nom, était de nécessité de moyens pour arriver à ce but. L'abbé Fauchet se déclara l'apôtre de la division des terres, et la guillotine moissonnait toutes les plantes hétérogènes qui auraient pu empêcher l'établissement de la république communale, morale et physique. La loi du *maximum* fut le supplément provisoire que l'on donna à l'ineptie de l'abbé Fauchet.

L'amour du pouvoir qu'Helvetius a si bien prouvé, contre Montesquieu, être le mobile universel de tous les gouvernemens, pénétra dans le comité de salut public; et, de même que la convention était enchaînée par le comité, celui-ci, à son tour, devint l'esclave tremblant d'un seul homme; cet homme fut Roberspierre.

Les autres hommes qui se sont distingués dans ce comité étaient, dans la cathégorie, de la barbarie, plus facile qu'aucune autre cathégorie de simples agens, et, pour la plupart, terrorisés eux-mêmes de la terreur qu'ils étaient chargés d'inspirer et de propager. Nous nous contentons de les livrer à l'indignation universelle, dans les histoires littérales, où ils grossiront le catalogue des scélérats.

La suprême dictature de Roberspierre ne changea rien à la théorie du gouvernement. La souveraineté s'étant concentrée, et ayant acquis une parfaite unité, son exercice en devint plus actif. Les commissaires dans les départemens furent tout au-dessus des tribunaux révolutionnaires, qu'ils composaient et décomposaient à leur gré, comme Roberspierre était tout au-dessus du comité et de la convention, dictant ses volontés absolues par l'organe des rapporteurs du comité. Les commissaires du comité de salut public étaient des vice-Roberspierre dans les départemens.

Il y eut cependant cette grande différence entre l'exercice de cette souveraineté dans les mains d'un seul, et sa division dans les mains de douze, qu'un comité, par son genre de composition, pouvait sauver des dangers du terrorisme, les différens partis qui, tous ensemble, concouraient à la destruction de l'ancien régime, mais n'avaient pas pour but leur destruction réciproque; au lieu que Roberspierre moissonna tous les partis, avec la même faux qu'il moissonnait l'aristocratie, quoiqu'ils fussent tous républicains, et, pour la plupart, partisans du terrorisme, mais ayant le tort d'être d'une nuance différente de la sienne.

C'est ainsi qu'on a vu périr la faction Danton, la faction girondine, et toutes les autres petites ramifications républico-terroristiques, qui osaient être anti-roberspierristes. Si on voulait donner le scandale de dire que Roberspierre a été bon à quelque chose, l'anéantissement de ces scélérats trouverait place dans l'énumération des faits qui le prouveraient : nous allons le classer parmi les effets de clair obscur du tableau terrorique, en examinant ce que la barbarie de Roberspierre a produit sur les terroristes d'un calibre inférieur au sien, sur les révolutionnaires simples, sur la révolution en elle-même, sur les non révolutionnaires, sur les Français en général, sur la France, sur l'Europe entière, et sur lui-même.

Les terroristes du second ordre furent terrorisés à leur tour. Eux seuls eussent pu détruire aussitôt le pouvoir de Roberspierre ; mais ils ne surent pas se réunir, la terreur les saisit ; ils laissèrent le terrorisme de Roberspierre se sublimer ; celui-ci les porta sous la guillotine.

Une époque, où les scélérats s'entredétruisaient, indiqua l'apogée de la révolution. En effet elle a toujours décliné de ce jour-là. Mais, comme le courage de résignation des non révolutionnaires, a toujours laissé les périodes descendantes à l'arbitre des révolutionnaires, ceux-ci, de main en main, ont conservé l'autorité, jusqu'à ce que le gouvernement consulaire est venu la leur arracher, en fixant la révolution par l'unique voie qui pouvait produire cet effet.

Les révolutionnaires simples furent réduits au silence par le terrorisme : pendant sa durée, on eût dit qu'ils faisaient cause commune avec les non révolutionnaires, tant ils étaient unis et confondus dans une même frayeur et une même stupeur. Ce sont ces révolutionnaires simples que l'on vit tenter, après la mort de Roberspierre, la révolution des sections. Les plans de cette révolution furent imperceptibles, les chefs en furent invisibles; la frayeur du terrorisme les avait classés à merveille parmi les inutiles, de courage moyen, que nous appelons non révolutionnaires.

La révolution elle-même doit sa consolidation au terrorisme. Il s'éleva en France, à une époque où l'anarchie faisait les plus grands progrès, où, l'esprit révolutionnaire n'étant pas général, il n'y avait vraiment pas de force nationale pour résister à l'ennemi du dehors; tant la désorganisation de l'armée, produite par les mal-adresses de l'assemblée constituante, avait été complète; dans un temps où le trésor public était vide, et privé par conséquent de tous les secours de finance, qui sont l'ame de la guerre; au moment d'une première coalition, qui, encore qu'elle eût servi la révolution par son mauvais esprit, eût cependant eu un autre effet, sans les ressources du terrorisme.

La guillotine pourvut à tout; avec elle Roberspierre à Paris et les vice-Roberspierre dans les départemens, arrêtèrent l'anarchie; ils établirent le gouvernement le plus énergiquement constitué qui ait jamais existé; ils suppléèrent l'esprit révolutionnaire par la frayeur; ils créèrent aussitôt une armée, *une armée d'enfans disait-on*, mais d'enfans qui ne reculèrent qu'une fois, ayant aussitôt été soutenus par l'arrière-garde, qui était la guillotine roulante. Ils firent ce fameux emprunt forcé, dont la cote s'écrivait par leur ordre sur la porte des contribuables, et qui mit le trésor public dans l'aisance. Enfin avec elle, la première coalition devint un enfantillage, une simple inconséquence, mais la honteuse source, pour le compte des souverains, de la puissance militaire française, qui les a subjuguées, et réduites toutes, à une près, au rang de puissances de deuxième ordre.

Le terrorisme a fait des non révolutionnaires, le parti le plus dangereux aux contre-révolutionnaires; c'étaient eux qui étaient en France, et non les rigoristes contre-révolutionnaires, que l'émigration avait affranchis de la contagion terrorique, et de l'activité de la guillotine. Nous n'entrerons pas dans le détail minutieux des effets du terrorisme sur cette classe, pendant les dix-huit mois du règne de Roberspierre, la plus infortunée des classes qui ait jamais existé. Nous connaissons ce que peut une frayeur et une stupeur de dix-huit mois sur des ames comprimées par la force, et les droits d'une telle classe à l'intérêt universel; mais tous les hommes ne savent pas se dépouiller de l'esprit de parti, et cesser d'être rigoureux envers les autres, lorsqu'ils n'ont jamais été rigoureux envers eux-mêmes.

Or, c'est en vue de cette rigueur injuste et outrageante que les non révolutionnaires sont devenus partisans de la révolution, lorsqu'elle doit les dispenser de se justifier et de se disculper; les uns à cause de l'amalgame, par des mariages, de leurs familles avec celles des révolutionnaires; les autres à cause de la part passive que le besoin leur a fait prendre à la révolution, par l'exercice des emplois qui leur donnaient une subsistance pour eux et leurs enfans, etc. Nous laissons sous le voile les faits individuels, fruit d'une frayeur et d'une stupeur plus locales, qu'on nous accuserait peut-être de relever méchamment, mais qu'il nous déplaît d'omettre, à cause de leur bizarrerie et de leur singularité.

Le terrorisme, par ses épouvantables moyens, ayant donné à la nation française une force incalculable, les Français n'ont plus cessé de vaincre, et il s'est formé en France, par le fait du terrorisme, un esprit public militaire, qui a dû nécessairement amener au gouvernement dont Bonaparte donne le brillant spectacle à l'univers.

Il ne servirait à rien de dire que cet esprit public militaire et indépendant n'est pas général, par la raison que le nouveau gouvernement éprouve des symboles de contradictions dans les ennemis de Bonaparte, lesquels attentent à sa vie. Ces ennemis sont en petit nombre ; ils ne font même plus ensemble avec le corps de la faction dont ils sont membres, que Bonaparte a su captiver par l'effet des principes qui sont la base de son gouvernement.

Il est si vrai que l'esprit militaire dont nous parlons est plus que partiel ; que ses effets actuels ne trouvent de contradiction ni dans les non révolutionnaires, ni dans les contre-révolutionnaires qui, joints ensemble, font les dix-neuf vingtièmes de la nation.

Le témoignage des émigrés, sans contredit, les plus directs opposans, ne saurait être suspect ; tous avouent que les victoires des Français les ont toujours enorgueillis avant de les affliger.

C'est au terrorisme que la France elle-même, dans sa position topographique, doit cette majestueuse et redoutable contenance qu'elle s'est donnée en s'appuyant sur le Rhin, les Alpes, les Pyrénées, l'Océan et la Méditerranée. Ce sont les armées de Roberspierre qui ont tracé ces limites, et qui ont fait, dans un clin-d'œil, ce que Louis XIV n'osa projeter dans quarante ans de guerre.

Sans ce terrorisme qui sut détruire la première coalition, et qui, tout repoussant et rebutant qu'il était, réussit à pénétrer, par ses émissaires, dans les cabinets des rois, il ne se fût pas introduit dans les têtes des ministres des souverains, cet esprit, ce système de désunion qu'ils n'ont jamais pu abandonner, et dont le talent de Bonaparte a si bien su profiter, pour détruire la seconde coalition, détacher les puissances coalisées des trésors de la Grande-Bretagne, et les humilier par les avantages plus grands qu'il a faits à leur avidité, jusqu'à être les instrumens de la souveraine puissance de la France en Europe, contre les auteurs d'une coalition dont elles avaient été elles-mêmes parties intégrantes.

Enfin, Roberspierre, lui-même fut terrosisé; sa mort fut un effet du terrorisme. C'est au terrorisme lui-même qu'est dû la chûte et la fin du terrorisme, on va en juger par les détails dans lesquels nous allons entrer sur la vie de cet homme exécrable.

CHAPITRE LVI.

Roberspierre.

Ce nom collectif de toutes les scélératesses, de toutes les barbaries les plus grossières et les plus subtiles; ce nom qu'on ne saurait prononcer sans horreur, que la pensée éloigne par la frayeur qu'il excite, que la nature humaine désavoue; ce nom était porté par un homme que l'esprit de parti n'a pas encore su ni pu définir et juger, encore moins lui assigner son vrai poste dans la liste des scélérats.

L'éducation de Roberspierre fut soignée par un homme de beaucoup d'esprit, dont on vante les talens, mais qui n'a joué aucun rôle dans la révolution.

Roberspierre se jeta dans le barreau, vint faire des efforts infructueux pardevant le parlement de Paris, retourna occuper un poste parmi les avocats du premier rang, dans un tribunal de province, d'où il fut, comme non propriétaire, appelé par M. Nek.... aux états-généraux, où son talent ne put jamais obtenir de place que parmi ceux du quatrième rang.

Il était d'une taille moyenne, maigre et laid; son teint était atrabilaire; sa physionomie était de celles qui donnaient des appréhensions à Jules-César; il avait l'œil vif.

Dès son entrée dans la chambre du tiers, il manifesta une opinion prononcée sur l'établissement du républicanisme en France. Jamais il ne négligea l'occasion de faire voir à la tribune que cette opinion n'était en rien indébilitée par les délibérations qu'il ne pouvait empêcher sur la monarchie constitutionnelle.

Exclu de l'assemblée législative, en vertu d'un article constitutionnel, il refusa des postes brillans dans les administrations, et accepta enfin une place dans le corps municipal de la ville de Paris. Il en fit l'objet de ses complaisances, et de ses affections; c'est là qu'il trouva les agens les plus fidèles de ses opérations terroriques, lorsque après avoir été appelé à la convention, il culbuta tous les partis, le comité de salut public lui-même, et régna tout seul.

Il a, dans toute sa monstrueuse carrière politique, montré un désintéressement soutenu et absolu; jamais l'exercice de son épouvantable souveraineté ne le fit sortir de la simplicité dans le vêtir, dans le logement et dans la manière de couvrir sa table. Il est mort tout aussi pauvre le 30 août 1794, qu'il était arrivé, en avril 89, aux état-généraux.

La dose de son talent qui fut insuffisante pour

faire triompher son opinion républicaine, et le faire compter parmi les meneurs de l'assemblée constituante, fut supérieure à ce que la cathégorie de la barbarie en exigeait; parce que, dans cette carrière, pour la bien fournir, il ne fallait que la dépravation du cœur, quelque vice dans la circulation du sang, une complexion atrabilaire. Cette dose devint encore inférieure à sa position, lorsque, sa barbarie étant portée à son comble, le terrorisme reflua sur lui-même. Il se laissa terroriser par Tallien et ses adhérens. Dès qu'on s'apperçut qu'il n'avait pas le courage de faire trancher la tête à ce député, les paris furent en faveur de ceux qui prédisaient sa chûte; c'était deux mois avant sa mort. L'on vit bien alors que, dans son horrible carrière, il avait plus d'une fois été matériel, et que c'était souvent sans une fin déterminée qu'il se jouait de la convention, en la faisant délibérer sur les rapports qu'il faisait lire à la tribune. Il pouvait terrasser ses dénonciateurs en dénonçant à la nation, et la convention, et le comité de salut public, derrière lesquels il s'était presque toujours tenu. Il pouvait les accuser et les excuser en même temps, en déconçant et justifiant son terrorisme, comme mesure révolutionnaire qui, de ce jour-là, n'était plus nécessaire, et annonçant le rétablissement des autorités, avec un exercice entièrement anti-terroriste.

Roberspierre, s'il eût eu le talent d'inventer cette mesure de son salut, culbutait ses dénonciateurs, les livrait à son gré à la guillotine, s'ils ne se fussent pas, d'eux-mêmes, condamnés au silence. Il eût continué de gouverner la France par une influence qui n'aurait plus eu sa base dans le terrorisme; mais dans la stupeur où le terrorisme avait plongé les Français, et dans tous les effets qu'il avait produit sur leur genre nerveux et sur leur imagination. L'excès des maux auxquels ils avaient été livrés, leur eût fait baiser la main qui les délivrait, sans que leur douleur appaisée eût jamais osé aller chercher à qui elle appartenait, par la crainte de réveiller le monstre du terrorisme.

Mais Roberspierre manquait de talent, il succomba sous le terrorisme, lorsqu'il eût dû en triompher. La terreur n'était point son instrument, il était lui-même l'instrument de la terreur, que la terreur réprouva.

Son talent était si bien au-dessous du rôle qu'il jouait, qu'il a fourni la preuve de ce défaut toutes les fois que le talent était nécessaire. S'il n'eût pas été un ignorant, comment aurait-il pu croire que le renversement total et subit de l'ancienne morale et de la religion pouvait, à son gré, être remplacé par la simple statue de la *Raison*? Change-t-on ainsi tout d'un coup les opinions d'un peuple? Cette idée pouvait-elle être produite autrement que par une profonde ignorance? Il croyait donc éterniser le terrorisme? Nous sommes portés à conclure que, long-temps avant sa mort, Roberspierre était entraîné par le terrorisme, comme les révolutionnaires de 1789 furent entraînés, par la chûte de l'édifice qu'ils renversèrent, jusqu'au jour de la naissance du gouvernement terroriste.

Nous aurons lieu de faire de nouveau ressortir ce défaut de talent, en traitant, dans des articles séparés, les événemens principaux de son règne.

Depuis la première dénonciation jusqu'à celle qui le précipita, Roberspierre s'engouffra toujours plus profondément dans la voie de la guillotine; il était pour ainsi dire la risée de ses dénonciateurs, lorsqu'au lieu de faire tomber la tête de Tallien, ce qui était une conséquence de son gouvernement, on le voyait acharné à poursuivre sa maîtresse dans tous les environs de Paris.

Lorsqu'on a vu ce degré de pusillanimité dans ce chef de terroristes, on pourrait, sans trop de hardiesse, avancer que la terreur fut d'abord créée par le comité de salut public; que Roberspierre, comme réunissant une plus grande dose, qu'aucun des membres du comité, de cette atrabile qui fait les grands scélérats, devint premier et principal ministre de cette épouvantable production; mais que son défaut de talent a dû le faire périr de la main même de la terreur qui s'est depuis lors rongée et consommée.

Il se réfugia dans l'hôtel-de-ville, où il fut assailli. Pour échapper à la mort de la terreur, il essaya de se tuer par un coup de pistolet; en se manquant, il s'emporta une partie du visage, il semble, pour arriver avec une figure plus monstrueuse au supplice de la guillotine, infiniment en disproportion avec celui qu'on eût dû faire inventer par la terreur elle-même.

Après sa mort, la convention rétablit la mémoire des guillotinés, et restitua leurs biens à leurs héritiers. Il est si vrai que Roberspierre était doué de désintéressement à côté de ce farouche et féroce esprit de carnage, de destruction et de bouleversement, que, lorsque ses agens, dans les saisies et confiscations des effets précieux des guillotinés, n'avaient pas volé; ce qui avait été confisqué, tout se trouva dans le trésor national, dans la même forme qu'il y avait été déposé. Chacun fut réclamer sa propriété, en la désignant, autant par les objets confisqués, que par l'enveloppe qui les contenait.

On pourra juger et définir Roberspierre, lui donner un nom et un poste parmi les fameux scélérats, en rapprochant ce qu'on vient de lire, des détails horribles et affreux dont on a averti qu'on évitait de faire trouver ici les épouvantables images, qui glacent d'effroi, et font renoncer à leur lecture. Cet ouvrage n'est point un journal; son but est d'être lu, afin qu'on puisse juger les événemens.

CHAPITRE LVII.

Louis XVI.

SANS nous arrêter sur les détails de l'éducation qu'on lui avait donnée, qui fut à contre-sens de ce qu'elle devait être, mais qui cependant n'avait fait de lui ni un ignorant, ni un mauvais citoyen, ni un méchant prince, nous allons suivre cet infortuné monarque dans sa malheureuse destinée, depuis la catastrophe qui signala son mariage à la place Louis XV, jusqu'au jour où il mit sa tête sous la guillotine, sur cette même place, accusé d'impatriotisme et de tyrannie. Voyons-le d'abord dans sa conduite domestique; interrogeons ses qualités personnelles, elles nous fourniront des lumières en faveur de notre argument.

Sa maison, lorsque, dans l'intérieur de son palais, il était dégagé de l'attirail de la royauté, était celle de la bonté et de la philosophie; il avait introduit l'usage de vivre en famille avec tous ses frères; il l'a maintenu jusqu'à ce que la révolution les séparât.

Il dînait légérement; son principal repas était le souper, qu'il faisait de très-bonne heure; il n'était pas buveur, cependant la calomnie lui avait donné le vice de l'ivrognerie. Nous aurons lieu d'expliquer cette injustice, elle a tenu à son malheureux destin.

Ses plaisirs de dissipation consistaient dans la chasse, et s'y bornaient. C'était une habitude qu'on lui avait fait prendre, et à laquelle il avait souvent l'air de se soumettre uniquement pour faire de l'exercice. Au fond, ses vrais plaisirs étaient dans l'étude.

Il allait assez tôt au lit, et se levait de bonne heure. Pendant l'hiver, il était au travail ou à l'étude trois heures avant le jour.

Pendant l'été, il se mettait à ses occupations au soleil levant.

Pour donner du repos à son esprit après une longue application, il s'était adonné à la serrurerie; il y avait réussi à merveille.

Sa constance journalière à l'étude l'avait rendu profond dans la littérature ancienne et moderne; il était savant dans les langues mortes, il parlait les principales langues vivantes: il était bon historien, et, par-dessus tout, grand géographe; mais il était si modeste, qu'on a pu le faire passer pour un ignorant. Nous verrons comment il suivait en cela sa fâcheuse destinée.

Louis XVI n'a eu aucune maîtresse connue; la calomnie n'a jamais osé lui en supposer. Quel roi, dans l'univers, a donné aux mœurs un encens plus pur que le sien?

Il aimait ses enfans, il s'amusait avec eux.

Il était familier avec les personnes de son service; il était facile à servir. Avec toutes ces qualités cependant, peu de ses serviteurs se sont sacrifiés pour lui, beaucoup l'ont abandonné; plus encore l'ont trahi : telle était sa destinée. Les courtisans l'avaient déjà depuis long-temps couvert de vice, lorsque la révolution a fini par ne voir en lui que tyrannie.

Jamais Louis XVI ne donna un signe d'irréligion ou d'impiété, ou de négligence dans les exercices religieux; un roi vraiment bon chrétien ne peut jamais être un méchant roi; mais son sort était que les argumens les plus solides fussent rejetés et inutiles, lorsqu'il s'agissait de les appliquer à sa personne.

Louis XVI timide, n'était pas moins penseur, et doué d'un bon jugement; son ame était dévorée du chagrin d'être ballotté par la noblesse et par le clergé. Ses études le familiarisaient avec tous les ouvrages que produisait le tiers; il fut séduit par les beaux principes de philosophie qu'ils contenaient; il crut, long-temps avant la révolution, que le tiers pouvait le venger de la perfidie de la noblesse et des ecclésiastiques, qui abusaient de sa timidité, de sa bonté, et se jouaient, on peut dire, de lui. L'esprit philosophique se glissa doucement dans son ame : mais, trop bonne et trop confiante, elle fut dupe de la fausse philosophie, et un roi bon, bienfaisant, instruit, devint un faux philosophe : voilà les torts de Louis XVI. Ses bonnes qualités expliqueront l'audace de ses courtisans; sa fausse philosophie expliquera toute sa vie révolutionnaire.

La couronne ne causa aucune joie dans son cœur, et sa physionomie n'indiqua long-temps que la tristesse. Lorsqu'il fut devenu roi, son malheureux destin d'être mal servi se manifesta aussitôt : il fit choix pour son conseil intime, de M. de Machault; mais la cabale de cour, dans laquelle entraient ses propres tantes, par des menées et des ruses familières aux courtisans, lui fit substituer M. de Maurepas, à qui ceux qui le connaissaient donnaient le surnom de polichinelle.

En effet, si le roi, par ses inclinations sérieuses, n'avait pas détourné la doctrine insignifiante de ce mentor, le chef de la nation française aurait bien pu n'être qu'un faiseur de couplets; mais il fallait aux courtisans un ministre léger, paresseux et dissipé; c'était tout le mérite de M. de Maurepas.

Dégagé de toutes entraves par la mort de ce premier ministre, le roi gouverna par lui-même, et l'on peut dire que son administration a été signalée par l'appel au ministère de tous les hommes que l'opinion publique semblait lui désigner. C'est ainsi que furent appelés Turgot, Saint-Germain et Necker. Le premier, profitant de son penchant à la philosophie et à la simplicité, l'enrôla dans la science de l'économie; il en fit l'écolier le plus dangereux à la France, parce que son cœur se trouva, par là, disposé à consentir à toutes sortes d'opérations, pourvu qu'elles portassent l'empreinte économique, et que lui seul fût sacrifié.

Le second désorganisa la majesté royale, détruisit la force qui veillait autour du trône, et révolta l'armée, en voulant traiter le soldat français à l'allemande, c'est-à-dire, à coups de bâton. On voit aujourd'hui quelle différence il y a entre un soldat français et un soldat allemand.

Le troisième, par l'introduction d'une multitude de formes étrangères à la monarchie, acheva d'en détruire l'unité.

Tous les autres ministres que nous nous dispensons de nommer, ou furent appelés par des mêmes motifs, ou placés et déplacés par l'intrigue des nobles et du clergé, qui, en faisant paraître et disparaître des sujets qui n'étaient que les instrumens de leur cupidité, faisaient entrer dans leurs familles des pensions de retraite, qui n'ont pas laissé enfin de peser sur le trésor royal.

L'intrigue de cour, qui donnait à la France et à l'univers entier le scandale de ces mutations dans le ministère, devait en faire tomber la faute sur quelqu'un; c'est sur le roi qu'on mettait cet ignominieux fardeau. C'est en conséquence de ces ruses de cour, qu'on le faisait passer pour un ivrogne, qu'on le faisait croire donnant les ordres les plus essentiels, et les signatures les plus importantes, toujours dans un état d'abrutissement et d'ivresse: voilà comment il était servi par ses protégés et par ses favoris.

Le roi avait trop de talent pour ne pas s'appercevoir du triste rôle qu'on lui faisait jouer; mais il était trop timide pour mettre de lui-même à exécution un plan qu'il eût formé pour se délivrer de la tyrannie de ses courtisans. Tout était disposé dans son ame pour profiter des occasions. La noblesse de qualité elle-même, dans la personne de l'archevêque de Toulouse, en fit naître une à jamais mémorable.

Un contrôleur des finances proposa une assemblée de notables, qui, ne voyant point clair dans ce que le ministre proposait, il est vrai d'une manière un peu indigeste, donna cours à une proposition de convocation des états-généraux, faite par un procureur général de parlement, d'une célébrité magistrale, mais qui fut éclipsée par la plus ignorante politique. Avant de rompre l'assemblée des notables, on fit la guerre au ministre qui les avait convoqués; il fut renvoyé, et même maltraité et humilié.

A sa place on désigna au roi M. de Brienne, archevêque de Toulouse; celui-ci, ne connaissant ni le roi, ni la nation française, ne se connaissant pas lui-même, car il se croyait homme de grand talent, et il ne l'était pas, proposa au roi de convoquer les états-généraux; le roi les promit.

Le roi vit avec plaisir le moment de pouvoir se débarrasser de l'infamie des courtisans. Il avait placé sa confiance dans le tiers, de sorte qu'on le trouva toujours disposé à tout ce qui paraissait accélérer son triomphe. Voilà pourquoi il donna la main à tout, à la restitution de l'état-civil aux protestans, au rappel de M. Necker qu'il n'aimait pas personnellement, à la forme des assemblées primaires, à la réunion du clergé et de la noblesse dans la chambre du tiers, à l'opinion par tête. Le tiers le séduisait encore dans ce temps-là; vraiment son langage ne fut jamais anti-royal avant le 4 août; c'était à la noblesse et au clergé meneurs qu'il en voulait.

Tant de confiance dans le tiers, tant de philosophie, de bonne foi, qui déclina vers la fausse philosophie, par la force du torrent anti-philosophe dont il s'était peu-à-peu laissé gagner, le jetèrent dans l'erreur la plus dangereuse qu'on eût pu inventer, et dans laquelle on n'aurait jamais cru le voir tomber. Il reconnaissait la souveraineté du peuple; c'est cette opinion anti-royale qui a fait triompher le tiers, et qui lui fit voir avec résignation la chûte du trône de ses pères : c'était une erreur dont il n'eût jamais dû être puni; c'est cependant par les conséquences de cette erreur, qu'on a osé le faire mourir sur un échafaud.

C'était son malheureux destin; dans lui la bonté, l'amour pour son peuple, la haine pour les méchans, devaient être punis comme la scélératesse des plus horribles tyrans.

Il fut accusé de despotisme, parce qu'il était abondamment doué de cette bonté, souvent défectueuse dans un souverain, qui fait oublier la physionomie de la tyrannie, et que la malveillance ensuite affecte de faire retrouver dans des actes de simple sévérité paternelle.

Nous voilà arrivés à un point où une plume consacrée à la sécheresse de l'histoire philosophique, qui déjà était au-dessous du sujet, avoue son entière insuffisance. Ce n'est plus un roi qu'un historien doit suivre dans sa carrière politique; c'est un martyr de la religion, de la royauté, de la philosophie, qu'un orateur doit montrer poussé à la mort de l'échafaud, par ses amis, par ses faux amis; par ses ennemis, par l'ingratitude et par la barbarie; à travers les humiliations et l'ignominie, au milieu des dégoûts et des insultes dont on punit la scélératesse: toujours tranquille, toujours courageux, il est vrai du courage de la résignation, mais dans un temps où tout autre courage plus actif était inutile et impraticable.

Il fit le premier pas dans la carrière des humiliations le 17 juillet 1789. Ce jour il fut porté au milieu d'une populace effrénée, armée de piques et de bâtons, depuis Versailles jusqu'à l'hôtel-de-ville de Paris, pour s'y voir décorer de la cocarde tricolor, qu'il montra ensuite au peuple par la fenêtre, avec un air de bonté et de complaisance qui, depuis, ne l'abandonna jamais. Dès ce jour, entra dans son ame la conviction qu'il était la victime signalée de la révolution. Il manifesta souvent cette idée, et c'est sur elle que reposa toujours sa résignation. Le 5 octobre, même année, il fut assailli dans son palais; il vit ruisseler, dans son propre appartement, le sang de ses gardes; il vit sa femme et ses enfans dans les pleurs du danger le plus pressant pour leur vie; il fut traîné prisonnier avec eux dans le château des Tuileries, où successivement il a supporté, avec un courage inébranlable, la destruction de la monarchie, dont les constituans foulaient journellement aux pieds toutes les prérogatives et les attributs. Le défaut de respect des gardes nationaux, l'insolence du peuple qui le fit descendre de sa voiture, un jour qu'il partait pour aller se promener à S. Cloud, tous les dégoûts qui accompagnèrent sa fuite et son arrestation à Varennes, le mépris qui vint, à la tête d'une insurrection des faubourgs, souiller sa demeure royale, et le couvrir insolemment du bonnet de la liberté : enfin la déplorable émeute du 10 août, qui le fit se réfugier, presque abandonné de tous, lui et sa famille dans l'assemblée législative qui, pour prix de cette confiance, l'envoya au Temple, pour être plus étroitement gardé.

Le roi aurait été bien étonné que la convention n'eût pas prononcé sa déchéance. Il apprit ce décret avec indifférence, et il continua d'exercer de plus en plus son courage contre les insultes, en tout genre, de ses gardes et des commissaires de la municipalité de Paris, qui étaient aussi prodiguées à toute sa famille.

Les verrous, qui s'ouvraient tous les jours pour donner accès au mépris et à la bassesse, laissèrent entrer un commissaire qui lui annonça que son procès allait commencer; il fut porté à la barre de la convention.

C'est là qu'on le vit grand, courageux et plus

généreux encore; c'est là, qu'avec une tranquillité inaltérable, il répondit inopinément aux chefs d'accusation qui lui furent lus par le président, avec toute la profondeur, avec toute la justesse, dont à peine eussent été capables les plus fameux jurisconsultes préparés: c'est l'opinion de tous ceux qui ont vu ses réponses. Il prouva à l'univers entier, par cette sublime improvisation, qu'il n'était pas cet homme qu'on avait tant calomnié, en l'accusant de stupidité et d'ignorance; mais bien ce roi qui, sûr de ses intentions, et fort de son talent, était convaincu qu'il serait, comme bon roi, victime d'une révolution, qui n'eût pas eu lieu, s'il n'avait pas eu plus d'amour pour son peuple que pour la royauté.

C'est là que l'on vit ce courage intrépide, que la situation humiliante dans laquelle on le mettait ne put décomposer. Le président de la convention, malgré tout l'avantage qu'il avait sur le roi, de lire et d'avoir su qu'il jouerait, ce jour-là, le rôle de fiscal, était plus ébranlé que lui.

C'est là que l'on vit cette magnanimité, cette grandeur d'ame, cette générosité vraiment royales; appercevant parmi ses juges ces mêmes hommes qui avaient sollicité infructueusement de son ministre de la liste civile une solde pour le servir contre la représentation nationale, il dédaigna de les désigner comme des traîtres.

Mais c'est là aussi qu'il confessa par son silence la souveraineté du peuple. Il en était si convaincu, il en était si persuadé, qu'il ne lui vint pas en idée de se servir de la négative pour moyen de défense; cependant c'eût été la première arme qu'il eût dû employer, s'il ne l'avait pas reconnue.

Et ce roi, si généreux, si populaire, est celui que le destin porte à l'échafaud, comme tyran, par la rage de quelques factions.

Il rentre dans sa prison à travers la continuité des insultes. Jusques là il avait vécu en famille, son courage n'avait pas été mis à l'épreuve de la séparation de ce qu'il avait de plus cher au monde, sa femme, ses enfans et sa sœur. Il dut triompher de la tendresse comme des appas de la souveraineté; il fut encore lui-même.

On lui avait permis de prendre des défenseurs, il fit son choix; mais, chose que la postérité ne croira pas, un des avocats qu'il avait favorisés de sa confiance se couvrit de la honte du refus de le défendre; il eut la lâcheté de lui nier son patronage. M. de Malesherbes le remplaça de sa propre volonté; le roi accepta de plus le dévouement de Deseize, et tous les deux, de concert avec Tronchet, que le roi avait aussi désigné, ils rédigèrent une défense qui fut lue par Deseize à la barre, lorsqu'on y porta le roi pour la seconde et dernière fois. Le roi l'avait corrigée lui-même; M. de

Malesherbes l'appuya de ses faibles talens oratoires; et Tronchet fit en vain tous les efforts dont il était capable, il ne put la renforcer assez pour que l'illustre accusé triomphât par son innocence et par sa vertu.

Le roi retourna dans sa prison, résigné à la mort, et plus triste du délit qu'on allait commettre, que des humiliations qu'il devait encore souffrir; mais en proie à la douleur de laisser sa femme et ses enfans dans le même péril qui allait trancher ses jours. Nous le laissons s'occupant du salut de son ame, en la versant dans celle d'un Irlandais qu'il fit appeler pour confesseur. Le terrorisme nous appelle à l'assemblée de la convention ; il écume de fureur et de rage sur sa victime, quoique captive et enchaînée.

La convention réunissait déjà le pouvoir exécutif au pouvoir législatif; pour plus grande confusion, elle s'investit du pouvoir judiciaire pour juger le roi.

Ainsi convertie en tribunal criminel révolutionnaire, les débats s'ouvrirent sur le mode de voter pour la sentence.

La loi criminelle, en vigueur alors, exigeait le vote de deux tiers des juges pour une sentence de condamnation; mais le terrorisme ne pouvait pas se soumettre à ce mode régulier. On connaissait le nombre des votes qui étaient pour la mort; on l'avait jugé dans des délibérations précédentes, où l'on avait proposé l'appel au peuple; il s'en fallait de beaucoup qu'il arrivât aux deux tiers; tout au plus était-on sûr de la majorité absolue, si le mode était adopté. Danton, qu'on accusait depuis quelque temps de vouloir sauver le roi, (on verra plus bas que l'accusation était juste) proposa, pour se disculper, la majorité absolue, appuyant son opinion sur la similitude qu'il y avait, par rapport à la nation, entre le sort du roi et un décret. Le raisonnement était terroriste, l'opinion prévalut.

Il fut décidé que le roi serait condamné à la majorité d'un seul vote: ce mode était contraire à la loi criminelle, qui en exigeait les deux tiers; il eût néanmoins été insuffisant, si on ne l'eût pas encore foulée aux pieds, en permettant de voter à ceux qu'elle suspecte, pour ou contre l'accusé. Le duc d'Orléans vota contre son cousin, malgré la loi criminelle; ces deux transgressions cependant ne tranquillisaient pas encore le terrorisme sur le résultat des votes, si une ou deux personnes manquaient de parole; on décréta donc, pour empêcher la désertion par la terreur, que chacun motiverait hautement son vote à la tribune.

C'est à force de cumuler les précautions terroriques que l'on arriva à obtenir une majorité de trois personnes pour la sentence de mort.

Le ministre de la justice Garat le cadet, et Grouvelle, secrétaire de la chancellerie, furent d'office chargés d'aller lire la sentence au roi. L'un et l'autre étaient connus de lui; Grouvelle tremblait en lisant, le roi le raffermit.

La sentence lue, il ne lui restait qu'un jour de vie; il fit demander trois jours, on les lui refusa.

Il lui fut permis de revoir pour la dernière fois sa femme et ses enfans; il dut lui-même leur annoncer cette affreuse sentence. Eh quand! lorsqu'arrivant auprès de lui, ils croyaient que cette permission était un signe de son salut : après un long silence, un soupir et un demi-mot les tirèrent de l'erreur, en les confondant. Son courage ne l'abandonna pas, il les congédia de lui-même pour se disposer à la mort. Il dormit pendant la nuit : l'heure fatale arrivée, qui était neuf heures du matin, il fut prêt avant ses bourreaux, il dit : Ils ne viennent donc pas encore?

On avait observé que, dans les deux voyages qu'il avait faits à la convention, il s'était entretenu de choses indifférentes, et notamment de littérature ancienne. Cette fois-ci, comme il passa devant la porte S. Denis, il dit, en se baissant sur la portière : Comment a-t-on respecté ce monument, et sur-tout les trophées?

Arrivé sur le théâtre, et sur le point de livrer sa tête à la guillotine, il voulut parler au peuple; mais Santerre, général de la garde nationale, par une conséquence des mesures qu'il avait déjà employées pour cette exécution, fit battre la caisse.

Il fut poussé sous le couteau; un silence effrayant succéda au roulement des tambours, et le bruit du coutelas put retentir à une énorme distance dans tous les cœurs droits, comprimés par la terreur. Quinze jours après cet abominable délit, la stupeur qu'il avait produite empêchait encore les personnes qui se rencontraient de s'adresser la parole, et, dans Paris, on était épouvanté, en plein midi, du silence de la nuit.

Ainsi périt le plus juste des rois, le seul roi dans l'univers qui eût été capable, par philosophie et par principe populaire, de se réduire à la qualité de simple citoyen, et de vivre heureux perdu dans la foule.

Français de toutes les qualités, de toutes les conditions, de tous les âges, apprenez quels ont été ses bourreaux.

Ce sont ses ministres ignorans ou ambitieux et iniques, qui le précipitaient dans le mépris public pour couvrir leurs forfaits.

Cette noblesse de qualité, qui se jouait de sa bonté, et qui l'abandonna au premier danger.

Cette noblesse simple, qui n'a pas su le distinguer des autres nobles de qualité, dont la France devait être vengée, et qui l'a rendu victime des crimes des autres.

Ce clergé, dont les chefs se mêlaient aux intrigues de cour, et dont les inférieurs se sont ligués avec les assassins pour l'égorger.

Ce tiers ingrat, qui n'a pas su reconnaître en lui le premier homme du tiers.

Ces parlementaires orgueilleux, qui ébranlèrent le trône jusqu'aux fondemens, en provoquant inconsidérément les états-généraux.

Ces chefs de l'armée, qui lui firent déserter tous ses soldats.

Ces hommes de lettres, dont les moins coupables sont ceux qui ont reculé, après avoir jeté la pomme de discorde.

Ces mécontens injustes, ces ambitieux désordonnés : ce sont tous les Français depuis le premier jusqu'au dernier, qui lui ont tranché la tête ; tous sont complices de ses bourreaux. Amis et ennemis de Louis XVI, tous ont participé à sa mort.

Louis XVI a laissé, dans le testament qu'il fit dans les derniers jours de sa vie, un monument éternel de piété et de philosophie. Il avait prouvé à la barre de la convention qu'il était très-instruit ; son testament prouve qu'il avait beaucoup d'esprit ; mais l'aveuglement de l'esprit de parti fait toujours persister toute l'Europe à l'appeler un ignorant, malgré que ses réponses et son testament soient entre les mains de tout le monde.

Louis XVI eût pu non seulement échapper à la mort, mais on eût pu le faire réfugier hors du territoire de la France. Nous avons annoncé que Danton avait été justement accusé d'avoir voulu le sauver ; voici le fait.

Danton était commissaire du comité du salut public dans les Pays-Bas envahis, vers le commencement de l'emprisonnement du roi. Danton était chef de parti, puisque Roberspierre le fit guillotiner pour trancher la tête à une faction. Las de servir Roberspierre, ou fatigué d'être barbare, il se décida à perdre sa popularité en voulant sauver le roi, avec des conditions cependant.

Il envoya un homme de sa plus haute confiance en Angleterre, qui proposa aux Anglais le salut du roi ; on ne voulut pas l'écouter. Celui-ci, par des voies indirectes, fit arriver les propositions de Danton jusqu'à un seigneur de la cour de France, le plus fidèle serviteur qu'ait jamais eu le roi, estimé par lui comme tel.

Ceux qui voulaient sauver le roi devaient perdre leur popularité et sortir de France. Pour prix de ce double sacrifice, Danton, chef du parti, demandait que les sommes que lui coûteraient les votes suffisans pour réussir, fussent déposés chez un banquier à Londres, avec une étiquette qu'il fournirait, portant la quotité de la somme, et le nom de la personne à qui chaque sommè serait respectivement délivrée, sous la condition *sine quâ non*, que si le roi n'arrivait pas sur le territoire étranger, le dépôt retournait à celui qui l'aurait fait.

Ce seigneur se crut obligé, en honneur, de donner cours à des propositions aussi claires et aussi raisonnables ; en conséquence il s'entendit avec un de ses amis pour les communiquer aux puissances belligérantes ; mais ce fut en vain ; la mort du roi entrait dans les plans d'invasion ; l'une voulait que le Français commît un régicide avec des formes judiciaires apparentes ; l'autre feignait de trouver dans le roi un démocrate, qui nuisait à la cause des rois ; parmi les émigrés eux-mêmes, il y en eut qui se crurent vainqueurs en apprenant sa mort.

La mort du roi de France fut un délit plus national que celui de Charles I.er Le Français a donc surpassé l'Anglais en barbarie ! Que la France rougisse de cet insigne attentat ; mais que tout l'univers sache que la vengeance, l'envie et la jalousie des Bretons y ont aussi concouru. L'Anglais a tué le roi, parce qu'il l'a voulu mort, et parce qu'il a pu le sauver et ne l'a pas voulu. Ainsi, pour commettre en France un délit tel qu'un régicide faussement juridique, tous les Français ne suffisaient pas, il a fallu le concours de l'Angleterre.

CHAPITRE LVIII.

La Reine.

On dit que les reines ne sont rien en France, parce que, n'étant pas appelées à la succession du trône, elles ne sont que les épouses des rois; mais Marie-Antoinette d'Autriche sera toujours célèbre par l'histoire de ses malheurs.

Sa mort n'avait aucun rapport avec la révolution; aussi le terrorisme employa-t-il dix mois, après la mort du roi, pour lui chercher des délits politiques. Son procès par-devant le tribunal révolutionnaire est un chef-d'œuvre d'ineptie. Son supplice n'a été et ne pouvait être qu'un moyen de terreur, et jamais un sacrifice politique qui dût consolider la révolution. Au reste Roberspierre n'aurait pas été conséquent, s'il ne s'était pas trompé, au sujet d'une reine, dans l'application des principes du terrorisme.

Aussitôt après la mort du roi, la reine fut

mise dans la classe des simples particuliers; elle fut jetée dans la conciergie, où elle a été pendant six mois, ensevelie dans toutes les misères qui peuvent affliger l'humanité.

Portée en présence du tribunal révolutionnaire, toute son occupation consista à conserver de la noblesse et du courage; elle réussit. Convaincue qu'elle était destinée à la mort, elle ne regarda son procès que comme une forme préliminaire de l'exécution qui devait trancher ses jours. Elle avait pris des défenseurs qui la défendirent fort mal, parce qu'ils étaient terrorisés; mais l'usage libre de leurs talens eût été inutile.

Nous ne relèverons de cette inepte procédure que le beau mouvement qu'eut la reine lorsqu'on l'accusa d'avoir donné des leçons de libertinage à son fils, le second dauphin, âgé de huit ans, qui partageait sa prison. Je m'en rapporte, dit-elle en jetant un coup-d'œil général sur toute la salle, et faisant un mouvement de sa tête et de son corps plein de noblesse, de dignité, et de cette fierté qui en impose à la calomnie audacieuse, je m'en rapporte au sentiment intime de toutes les mères qui ont des enfans, et qui vous entendent, elles vous diront si la chose est possible.

Elle fut condamnée à mort, et portée au supplice, sans aucun égard qui eût pu rappeler son rang, sur une charrette, les mains liées derrière le dos. Elle conserva de la dignité dans le maintien; on apperçut le courage sur sa physionomie; la mort n'a dû avoir d'affreux pour elle que le mode. Elle devait être fatiguée de la vie, depuis, sur-tout, qu'elle fut transférée à la conciergerie.

La nature lui avait départi les avantages de la beauté et de l'esprit, et n'avait point été avare envers elle quant aux qualités du cœur. Elle fut aimée des Français; on peut dire même, que pendant long-temps elle en fut adorée. Elle subjuguait tous les cœurs par son affabilité et par ses formes aimables; elle était remplie de cet esprit exquis qui fait ressortir la bonté.

Souvent on abusait de sa facilité à accorder, et on osait lui demander des graces qui la jetaient dans de petits détails qui la compromettaient; mais cet excès était entièrement contre elle: il ne pourra jamais faire regarder avec indulgence l'universelle ingratitude avec laquelle ses créatures ont payé tant de bonté.

CHAPITRE LIX.

Madame Élisabeth.

Un long et profond amour national en faveur de la dignité royale pouvait peut-être faire commettre l'erreur de croire que la mort du roi et de la reine fût nécessaire pour consolider la république; mais madame Elisabeth n'offrait aucune qualité politique, et se trouvait parfaitement dans la classe des autres membres de la maison de Bourbon qui ont été épargnés.

Madame Elisabeth fut employée par le terrorisme comme un moyen de terreur; elle fut envoyée à l'échafaud dans un temps où Roberspierre était dans les inquiétudes. Si ce monstre n'eût pas été retranché du nombre des vivans, les autres membres de la famille royale auraient aussi arrosé l'échafaud de leur sang, dans les diverses périodes où il se serait apperçu qu'il fallait redoubler l'activité du terrorisme, afin que les terrorisés ne pussent pas sortir de la stupeur, et se révolter à la faveur d'un ralentissement de barbarie.

La circonstance de la mort de madame Elisabeth ne demande ni les talens de l'historien, ni les talens de l'orateur profane, il faut appeler un panégyriste avec qui on doit l'invoquer.

Madame Elisabeth fut traitée avec la même indignité que la reine ; dans le temps de son procès et de son lugubre convoi, on s'entretenait, dans Paris, de ses vertus et de ses malheurs. Depuis sa mort on la révère comme une sainte, en frémissant à l'idée de son supplice.

CHAPITRE LX.

Le second Dauphin.

La mort du second dauphin dans les prisons du Temple, neuf mois après la mort de Robespierre, et attribuée à la nuance de terroristes qui renversa le ministre principal du terrorisme, est restée enveloppée d'une grande obscurité. Elle fournit une matière abondante à l'esprit de parti, qui se nourrit dans les conjectures, et triomphe avec des faits douteux qu'il explique en sa faveur par des sophismes.

On voit combien nous avons été éloignés jusqu'ici de tout esprit de parti, et comment nous avons élagué toutes les circonstances que nous n'eussions pu expliquer qu'avec des probabilités.

Ce jeune enfant était paitri d'esprit et d'amabilité; il était, on peut dire, de ces êtres que l'on a remarqués périr presque toujours dans un âge tendre, leur physique étant victime d'un moral trop précoce.

Les choses intéressantes, tendres et pleines d'esprit, que cet enfant a faites et dites dans le temps de sa prison avec son père et sa mère, et ensuite seul; ou avec sa sœur, procurent un repos consolant dans la lecture des affreux détails de la révolution.

CHAPITRE LXI.

Madame Royale.

QUEL être intéressant! mais qu'elle bizarrerie dans son sort! échappée à la mort, elle n'a pu recouvrer sa liberté, qu'en étant échangée avec celui qui l'avait faite prisonnière à Varennes, avec le roi son père.

Qu'il serait dommage qu'elle ne pût pas nous donner l'histoire entière des infortunes de sa famille, par la raison qu'étant encore trop jeune dans les commencemens, on ne l'aura peut-être pas laissée être témoin de tout; mais elle nous donnera les mémoires sur la prison du Temple, depuis le 10 août 1792 jusqu'en 1795, au même mois qu'elle en est sortie.

Elle seule peut nous peindre l'ame d'un père, d'une mère et d'une tante, dans les angoisses et les anxiétés qu'ils devaient se communiquer, lorsque leurs gardes les laissaient ensemble, et libres sous les verrous.

Nous n'avons eu jusqu'à présent que des détails superficiels, et l'on peut dire externes. Les mémoires du valet de chambre, eux-mêmes, le supposent souvent absent, et jamais à portée de savoir ce qui se passait dans les conversations de la famille.

Cette princesse a épousé son cousin germain, M. le duc d'Angoulême, fils aîné de M. le comte d'Artois : puisse-t-elle être plus fortunée dans cette période de sa vie que dans celles qui l'ont précédée. Nous espérons qu'elle a épuisé le malheur dans les prisons du Temple ; mais elle sera toujours déchirée par les souvenirs importuns, que la tendresse lui défend même de desirer de perdre.

CHAPITRE LXII.

Les Guillotinés.

Cet instrument, dont on a attribué l'invention au docteur du nom duquel on a fait dériver le nom qu'il porte, n'est autre chose que la *mannaia* des Italiens. C'est un supplice réservé en Italie, à ce qu'on a voulu appeler en France l'aristocratie; il faut être noble pour obtenir son contact. Les Français l'ont ennobli par le supplice de leur souverain; mais il est ensuite tombé dans le discrédit, et dans l'oubli pour les crimes révolutionnaires.

Il y a eu, dans ces derniers temps, cette différence entre la guillotine et *la mannaia* que la première, érigée en supplice de révolution contre les Français, n'a trouvé que trois ames faibles sur le grand nombre dont elle a tranché la tête; et la seconde, lorsqu'elle a été employée comme instrument contre-révolutionnaire, n'a pas trouvé une seule ame forte parmi ceux qu'elle a décapités.

La proie de la guillotine était nombreuse et variée; elle s'est nourrie de républicains, autant que de royalistes; mais un seul des premiers est mort sans avoir crié : Vive la république! et à peine deux des seconds, parmi lesquels une femme, n'ont pas crié : Vive le roi! La *mannaia*, au contraire, n'a tranché la tête qu'à des révolutionnaires anti-royalistes, et pas un n'a crié : Vive la république! pour la plupart, ils avaient perdu la parole avant de perdre la tête.

Les Français avaient pris leur parti sur la guillotine, comme sur une mode ridicule, à laquelle leurs yeux se font dès le premier jour. Les prisons, qui étaient des lieux décens, sains et commodes, étaient devenues des séjours de plaisirs et de festins. On y mangeait, on y buvait, on y dansait, on y faisait l'amour, de la musique et des vers; les guillotinés ont laissé sur l'instrument de leur supplice les chansons les plus burlesques.

Les détenus s'amusaient à faire la répétition de leur rôle à la place Louis XV; ils s'exerçaient à avoir bonne contenance devant le tribunal révolutionnaire, sur la charrette et au moment de la mórt. Il n'y avait, disaient-ils, que les mains liées derrière le dos qui les gênassent un peu.

Ceux qui étaient dehors des prisons avaient une frayeur de plus que ceux qui étaient déjà enfermés. Ceux-ci n'avaient plus peur que de la guillotine; ceux-là craignaient de plus l'arrestation. Être dehors n'était pas un signe qu'on ne serait pas guillotiné sur l'heure. Combien furent saisis, jugés par le tribunal révolutionnaire, et portés à la place Louis XV sans être incarcérés !

Ce double danger n'empêchait pas que la gaieté ne parût grande dans Paris; on se déguisait la plus fâcheuse situation dans les bals et dans les festins; tous les Français avaient le même mot d'ordre en se mettant dans leur lit, qu'ils répétaient tous à-la-fois au moindre bruit dans la rue. Ce mot d'ordre était : *C'est pour moi;* le bruit cessait; ils tournaient la tête et se rendormaient.

Cette gaieté cependant doit être expliquée; c'était une fausse gaieté; le Français n'est pas fou à ce point : elle était un effet du terrorisme qui, ne laissant pas soupçonner qu'il dût finir, faisait regarder la guillotine comme une maladie courte, nouvellement inventée. C'était un effet du terrorisme qui, s'adressant à tous les âges et à toutes les conditions, avait rendu la mort de la guillotine plutôt glorieuse qu'humiliante; c'était un effet du terrorisme qui, ayant terrorisé le genre nerveux d'une nation portée à la gaieté, la faisait vivre dans la joie, comme l'on voit des affections nerveuses, qui finissent par laisser le corps sans mouvemens, exciter préalablement le rire aux éclats.

La nation française n'arriva pas à cette gaieté

trompeuse, et à cette insouciance de premier mouvement. Elle passa d'abord par la stupeur; tout fut mis en désordre dans la tête des Français, lorsque toutes les institutions religieuses, civiles et judiciaires étant renversées, on leur substitua, en tout et par-tout, la statue de la Raison. Les uns étaient extravagans, parce qu'ils ne voyaient plus que cette statue, et les autres, parce qu'ils ne voyaient plus les anciennes institutions.

Que l'on se représente l'évêque constitutionnel Gobet, devenu souverain pontife de la déesse de la Raison, ne faisant qu'un pas du temple de la déesse à la place Louis XV. Une tragédie précédée d'une telle farce, et un millier de semblables, où les acteurs, les pontifes et les prêtres eux-mêmes de la nouvelle divinité, finissaient sous la guillotine, ne suffisaient-elles pas pour faire tomber dans l'extravagance les partisans et les ennemis du nouveau culte?

La révolution de France s'étant faite contre ce qu'improprement on appelait l'aristocratie, on pourrait croire que la guillotine ne moissonnait que les nobles, ce serait une grande erreur. Elle a plus fait périr de républicains que d'hommes de toutes les autres classes réunis ensemble, et plus d'hommes des autres classes que de nobles; artistes, artisans, paysans, domestiques, femmes et enfans, tous étaient sujets à son activité.

C'était une nécessité pour les Français de prendre leur parti, puisqu'il leur était impossible de deviner quel était le genre d'action qui ne menait pas à la guillotine. Un simple indice moral était matière suffisante pour la peine de mort. Un défaut dans le corps ou sur la figure, les infirmités de la vieillesse, étaient des délits qui conduisaient à la mort de l'échafaud.

CHAPITRE LXIII.

Les Sections.

Après la mort de Roberspierre et la dissolution du comité de salut public, la convention resta de nouveau investie de tous les pouvoirs. L'anarchie recommença, le terrorisme renverseur continua ses efforts contre le terrorisme renversé. On mit en procès le comité de salut public et ses commissaires, le corps municipal de Paris, les tribunaux révolutionnaires, et la guillotine se plaint encore de ce que, à cette époque, une multitude de scélérats pût se dérober à son contact immédiat. Parmi les terroristes renversés, les uns échappèrent par la fuite, d'autres furent excusés, d'autres subirent la peine de mort, d'autres enfin furent condamnés à la déportation.

Le temps qui s'est écoulé depuis la mort de Roberspierre, jusqu'à la constitution de l'an 4, est l'époque du règne des termes moyens. Les modérés étaient des demi-modérés, les révolutionnaires des demi-révolutionnaires, les royalistes des demi-royalistes. Il se forma des compagnies anti-jacobiniques, comme les enfans du Soleil, la société du Jésus. C'était un mélange de contre-révolutionnaires, de révolutionnaires simples et de non révolutionnaires, devenus tous ensemble demi-terroristes. Tous ces démis firent, en révolution, l'effet des semi-preuves en matière criminelle; ils ne purent faire un tout. Tous les pouvoirs, divisés dans les mille mains de la convention, n'arrivèrent jamais qu'à s'opposer localement aux maux que produisait cette mal combinée révolution moyenne. Elle était elle-même divisée en factions; jamais l'anarchie ne fut plus complète en France.

Sous les yeux même de la convention, il se forma une autre représentation nationale, appelée des sections; celles-ci s'assemblaient séparément et collectivement; les départemens imitèrent la capitale, et l'on vit toute la France pulluler de corps anti-législatifs-exécutifs conventionnels. Cependant la convention tenait encore quelques ressorts dans ses mains; elle avait la plus grande partie de la soi-disant armée et le canon;

elle avait de plus un point de réunion plus positif que les sections. Malgré leur nombre, elles étaient souvent obligées, dans leurs actes communicatifs entre elles, d'user de moyens qui supposent qu'on reconnaît quelque chose au-dessus de soi.

Mais le dégoût que la convention excitait devint si grand, que la guerre d'opposition en opinions parut prendre le caractère de guerre civile. La convention eut peur, on accusa le baron de Menou, commandant de la garde nationale de Paris, de trahir la représentation nationale conventionnelle en faveur des sections; il fut cassé; on lui substitua le comte de Barras, membre de la convention, qui se trouva beaucoup embarrassé de son emploi, après trois jours d'exercice. Il fut effrayé de la masse des sections, et il effraya encore davantage la convention par ses rapports.

Tout était sens dessus dessous dans Paris; cette grande ville prit la physionomie de la guerre civile, mais d'une plus singulière manière que l'histoire ne nous le raconte à trois cents ans en arrière. Le soulèvement des sections contre la convention ressemblait à la guerre des écoliers contre les régens de sixième, où l'on confond facilement ceux-ci avec les demi-jeunes gens qui sont en réthorique. Les uns ne savaient pas comment attaquer, les autres comment se défendre, et tous se faisaient peur.

On suggéra à Barras d'appeler auprès de lui un jeune homme de talent qui était à Paris, à ce qu'on dit, pour se plaindre de ce qu'on l'avait réformé après la prise de Nice, où il commandait l'artillerie, et de ce qu'on le laissait oisif. Ce jeune homme était Bonaparte : Barras lui offrit trois mille hommes pour défendre la convention, Paris, la France, la révolution, etc. Bonaparte, jugeant aussitôt qu'il n'y avait que le feu de l'artillerie qui pût suppléer ce défaut de moyens de défense, n'en accepta que quinze cents. En effet, avec ce nombre et un canon placé à chaque avenue qui conduisait aux Tuileries, où la convention tenait ses séances, il culbuta, balaya, détruisit, et même anéantit les sections, et toute leur science moyenne.

Si on demandait ce que c'était que les sections, on serait obligé, pour répondre, de prendre le ton de la plaisanterie et du sarcasme. Il y a plus de cinq ans que Bonaparte les fit taire; depuis lors, quelque recherche que l'on ait pu faire pour connaître leurs chefs, leur plan, leur systême, c'a été inutile. La convention elle-même, qui, dans son courroux, avait mis *hors la loi* plusieurs personnes, avait été si peu sûre de son fait, qu'elle n'osa pas sévir contre elles. Les *hors la loi* se promenaient dans Paris : on les appelait les morts, dans les sociétés qu'ils fréquentaient ; ce qu'on sait positivement, c'est que, à cette époque, l'anarchie était à son comble, puisque même il n'y avait plus d'armée en France ; nous avons dit que la convention n'avait que trois mille hommes, et l'on sait, à ne pas en douter, que l'entreprise des sections ne fut qu'une levée de boucliers : elles n'avaient ni poudre, ni armes, ni canons. Quelques milliers d'années en arrière, elles eussent pu figurer, bien ou mal, dans la guerre du Péloponèse.

C'est ici que commença la glorieuse carrière de Bonaparte, duquel nous aurons d'orénavant tant de choses étonnantes à dire, et la postérité, si peu de chose à réprouver, jusqu'au moment où nous sommes. Il fut fait, en suite de cette opération, commandant de Paris et de l'armée de l'intérieur ; il obtint une confiance complète du nouveau gouvernement, qui fut bientôt après mis en exercice. On observa que lorsqu'à midi, il allait au Luxembourg pour prendre les ordres du directoire, il y restait si peu de temps, que, quand on le voyait passer à cheval ventre à terre, précédé d'un guide, on disait généralement, voilà Bonaparte qui va donner ses ordres au directoire.

Un médecin, attaché en chef à l'armée d'Italie, et depuis à celle de l'intérieur, lorsque Bonaparte en était général, disait, dès ce temps-là : Ma profession m'a rapproché de presque tous les talens qui se sont distingués dans la révolution; mais il n'y a que Bonaparte qui m'ait donné l'idée de l'homme destiné à être le sauveur de la France, et le pacificateur de l'Europe. J'ai cette idée depuis quelque temps, je l'observe dans cet esprit, et je me confirme tous les jours dans mon pressentiment. Le docteur Bourdois parlait ainsi en décembre 1795.

Cependant la convention savait que l'anarchie de toute la France pourrait culbuter l'anarchie conventionnelle. Avant même le mouvement des sections, elle avait trouvé le moyen de détruire les demi-terrosistes, enfans de Jésus et du Soleil; ceux-ci tuaient, noyaient et emprisonnaient ceux qu'ils appelaient jacobins, comme les jacobins avaient fait envers ceux qu'ils appelaient aristocrates. Une fois désorganisés, ils grossirent la dose de science moyenne des sections.

La longueur de l'anarchie que nous décrivons, qui dura depuis le mois d'août 93 jusqu'au mois d'octobre 1795, a fourni une circonstance qui eût dû éclairer les coalisés sur le redoutable esprit qui se formait en France, et que nous avons fait ressortir, lorsque l'ordre de l'ouvrage nous l'a permis; rien dans l'esprit des Français ne ralentissait son feu contre les ennemis du dehors. La division en partis, l'arnarchie plus contraire encore, ne purent jamais l'affaiblir ou le détourner. C'est pendant ces quatorze mois d'anarchie que Pichegru s'empara de la Hollande.

Après l'affaire des sections, on s'occupa dans la convention, avec plus d'ardeur que jamais, de la constitution qu'on appelle de l'an IV, peu de jours après, les nouvelles autorités furent mises en exercice.

CHAPITRE XLIV.

Constitution de l'an IV.

Le comité chargé de présenter un acte constitutionnel prouva qu'il reconnaissait en principe, que lorsqu'on voulait gouverner républicainement un peuple nombreux, ce devait être à la faveur du gouvernement mixte, par le mélange des pouvoirs, par un balancement dans ces pouvoirs, et par l'opposition entre eux : mais il appliqua mal le principe.

La constitution créa en effet un gouvernement mélangé; mais les pouvoirs y étaient irrégulièrement balancés, de sorte que les oppositions, de part et d'autre, pouvaient manquer d'efficacité, et les opposans, n'être que des lutteurs qui cherchent à se renverser, au lieu d'être des défenseurs indépendans entre eux, forcément obligés de concourir, de tous leurs moyens, au maintien de la constitution.

Les élémens qui furent introduits dans le mélange étaient différens, des élémens connus des gouvernemens mixtes, qui sont la monarchie, l'aristocratie et la démocratie modifiées en diverses manières. Ils ne purent pas produire l'effet de ceux qu'on rejetait.

Le gouvernement consistait dans une législature composée de deux chambres, et d'un pouvoir exécutif. Cette division des pouvoirs eut été selon les principes, mais les attributions respectives s'en éloignaient si fort, que ce n'était plus un gouvernement mixte, mais bien une législature composée d'une assemblée législative de cinq cents membres, et d'un pouvoir exécutif de deux cents cinquante-cinq, dont deux cent cinquante administraient le *veto*, et les autres cinq devaient faire exécuter la constitution et les lois.

Avant d'entrer dans l'examen de chacune des parties de la prétendue législature mixte, nous tâcherons de jeter quelque lumière sur la question en soi; 1° en appelant les principes qui auraient dû servir de base à une telle constitution; 2° nous verrons en quoi on s'est éloigné de ces principes; 3° nous montrerons les conséquences que cet éloignement devait produire; 4° enfin, nous prouverons que celles qu'elle a eues étaient inévitables.

En principe général, lorsqu'on applique le gouvernement mixte à une population nombreuse, c'est la partie monarchique qui doit dominer, afin d'obtenir, à la faveur de son unité et de sa concentration, toute l'activité requise pour qu'un gouvernement, puisse être, à chaque instant, présent sur tous les points du territoire, sans qu'aucun autre point soit exposé à souffrir de son absence, à cause de sa présence ailleurs.

Un des caractères principaux de la monarchie, c'est la non responsabilité du pouvoir qui fait exécuter les lois. Cette prérogative est la sauvegarde des états monarchiques; si un monarque n'en jouissait pas, il serait sans cesse obligé de couvrir ses fautes, et il ne le ferait, le plus souvent, que par de nouvelles fautes, ou bien par des abus de pouvoir. Il faut donc, lorsqu'on applique le gouvernement mixte, et que la monarchie doit dominer, laisser au pouvoir exécutif cette prérogative dans toute son étendue.

Le législateur doit voir les choses en grand; il doit savoir que les hommes appelés à gouverner commettront des erreurs malgré eux; que s'ils en sont responsables, ils éviteront la responsabilité par un emploi abusif de l'autorité, et de tous les moyens qu'il est d'autre part obligé de leur laisser. Il doit compter pour rien les vices qu'il ne peut empêcher, mais il doit pourvoir à ce que, par le fait d'une constitution, les suites fâcheuses du vice dans les gouvernans ne soient une conséquence nécessaire, et ne se multiplient. Or, s'il rend le pouvoir exécutif responsable, il introduit, de nécessité, un millier de circonstances qui entraveront la marche des lois, et empêcheront le but d'une constitution, puisqu'il pourra arriver un moment où tous les soins du pouvoir, toute son autorité et toutes ses ressources, soient employées à couvrir ses fautes et à s'armer même, jusqu'à l'extrémité de renverser la constitution, pour éviter les effets de la responsabilité.

Un gouvernement représentatif mixte, pour conserver les avantages de la représentation, doit jouir en plein de la faculté de l'opposition dans les pouvoirs. Or, pour cet effet, chacun des pouvoirs doit avoir le *veto* sur l'autre.

L'intérêt de la représentation exige que parmi les représentans il n'y en ait aucun qui soit paralysé. Chaque division de la représentation doit, par conséquent, conserver le droit de proposer et de refuser.

Ainsi donc, une législature composée de trois pouvoirs, ou de deux corps délibérans et d'un pouvoir exécutif, doit jouir du droit d'initiative dans chacune de ses parties, du droit de *veto* positif dans les deux corps délibérans, ainsi que dans le pouvoir exécutif; mais ce droit peut, sans danger, être soumis à des modifications et à des règles.

Ceux qui firent la constitution de l'an IV, après avoir reconnu le principe, l'oublièrent dans l'application. Ils ne se souvinrent que de deux choses, produites par la situation où se trouvaient alors leur esprit. C'était le concours de deux haines, celle contre la prétendue tyrannie monarchique qu'on avait détruite, et celle contre tout ce qui pouvait annoncer une imitation de la constitution anglaise. D'une part, l'aveuglement, de l'autre part, les petites passions présidèrent à cet ouvrage.

Ainsi d'abord on ne voulut pas entendre d'un pouvoir exécutif dans la main d'un seul; on ne voulut pas que le pouvoir exécutif eût le *veto*; on ne voulut pas que les corps délibérans ressemblassent, dans l'exercice de leurs facultés, aux deux chambres de la législature anglaise. D'où il est résulté, tout le contraire de ce qui devait découler des vrais principes que nous avons posés plus haut, et qui doivent diriger la confection d'un gouvernement représentatif mixte, appliqué à une population nombreuse.

Dans le mélange qui fut employé, non seulement la partie monarchique n'était point concentrée et susceptible d'activité, mais le directoire, qui était sensé la représenter, était ce qu'il y avait de plus démocrate dans la législature.

L'opposition bienfaisante, qui est le but des gouvernemens représentatifs mixtes, n'était point constitutive, puisqu'un des corps délibérans ne pouvait pas proposer. Cette opposition était simplement celle des factions dans l'assemblée des cinq cents, qui seuls proposaient et délibéraient. L'action des deux cent cinquante sur ces délibérations n'était point l'usage de la faculté d'opposition, c'était l'exercice d'une prérogative qu'on eût pu laisser au pouvoir exécutif sans danger; et alors, les deux cent cinquante n'eussent pas été des talens inutiles.

Les auteurs de la constitution de l'an IV voulant créer un gouvernement représentatif mixte, applicable à une grande population, se sont trop laissés dominer par l'esprit démocratique, dont l'effet est toujours la crainte de donner trop de latitude aux pouvoirs qu'il délègue. En conséquence, le gouvernement mixte qu'ils créèrent, semblait n'être dirigé que contre les vices de ceux à qui il serait confié; mais comme cette crainte, quelque grande qu'elle puisse être, ne peut pas faire qu'on ne laisse une grande dose d'autorité à un pouvoir exécutif; il s'en est suivi que les deux pouvoirs actifs de la législature, les cinq cents et le directoire, ont dû naturellement être, non en opposition constitutionnelle, naissant de leur indépendance réciproque, mais en opposition de renversement mutuel. Le premier, en vertu de ce que la constitution l'avait créé au-dessus de l'autre, en l'investissant du droit de destituer ; et le second, en vertu de l'étendue d'autorité qu'on n'avait pas pu ne pas lui donner.

Des dispositions de cet acte constitutionnel, il devait nécessairement s'ensuivre que l'état pouvait se trouver sans gouvernement, parce que le directoire, à la majorité d'un seul dans les cinq cents, pouvait être paralysé ; ses substituts pouvaient aussi être mis le lendemain en procès, par la victoire d'une faction sur une autre, et ainsi à l'infini. Par cette vérité incontestable, il reste démontré que la constitution, non seulement s'était éloignée des principes connus des gouvernemens représentatifs mixtes, mais même du principe universel législatif, qui veut que toute constitution quelconque pourvoie fondamentalement à ce que jamais l'état puisse être sans gouvernement, et s'occupe ensuite des formes qu'elle veut employer pour fonder et conserver la nouvelle institution qu'elle a pour objet.

La législature créée par la contitution de l'an IV, n'avait donc que l'apparence d'un gouvernement représentatif mixte, puisque tout le pouvoir du peuple résidait dans les cinq cents, qu'il n'y avait aucune opposition constitutionnelle entre les deux chambres, qu'une partie de la représentation nationale, résidant dans la chambre des deux cent cinquante, ne représentait pas la nation, mais exerçait seulement une prérogative du pouvoir exécutif ou le *veto ;* que le pouvoir exécutif, au lieu de représenter la monarchie dans toute sa vigueur et dans toute son activité, était composé démocratiquement, soumis à toutes les formes de la démocratie, et de plus exposé à tous les dangers des corps délibérans peu nombreux, c'est-à-dire à la corruption.

En voulant éviter trop de dangers qui sont inévitables, quand il s'agit d'ouvrages des hommes, on jeta la nation française dans des dangers plus grands, dans une lutte perpétuelle entre le directoire trop lié d'une part, mais ayant des moyens de se délier, et les cinq cents trop puissans par la force de la constitution, contre le directoire, mais opprimés inconstitutionnellement, par la puissance de ce même directoire.

Jusqu'à cette époque de la révolution française, on avait peu réfléchi sur les effets de la non responsabilité dans le pouvoir exécutif : voilà pourquoi on s'est si obstiné à la lui refuser. Qu'on veuille bien considérer son efficacité, et l'on verra qu'elle est si profonde, qu'elle seule peut parer à toute défectuosité de lumière, dans la confection d'un acte constitutionnel. Tous les gouvernemens peuvent n'être pas mauvais à la faveur de cette prérogative ; sans elle, qui oserait décider que tel ou tel doit obtenir la préférence ?

Le meilleur, dans notre opinion, n'a qu'une bonté relative, c'est tout gouvernement qui marche ; or, sans la non responsabilité, aucun ne pourra marcher long-temps.

Les états seront sans cesse exposés aux convulsions et aux révolutions ; il n'est pas possible de supposer que des hommes ne feront pas des fautes ; or, s'ils en sont responsables, il n'est pas possible aussi qu'ils ne cherchent à les couvrir même par d'autres fautes et par l'abus, s'il le faut, de l'autorité dont ils jouissent ; d'où il résulte, qu'à force d'accumuler les fautes sur les fautes, et de multiplier les actes abusifs, un pouvoir exécutif doit arriver au moment de ne pouvoir plus s'occuper que de sa propre défense, et nullement du salut de l'état.

Si au contraire un pouvoir exécutif, d'un gouvernement quelconque, jouit de la non responsabilité, ses fautes n'ont aucune suite, elles ne sont que des leçons pour être plus avisé à l'avenir. Il n'est obligé ni à commettre une autre faute pour couvrir la première, ni à détourner l'usage de son autorité pour se défendre; de plus on le changera sans aucun risque de bouleverser l'état, parce que le trouble viendrait de sa résistance, et il n'a alors aucune crainte qui l'oblige à résister.

Le danger de dénaturer l'action monarchique dans un gouvernement représentatif mixte s'est montré évidemment dans le pouvoir exécutif directorial. Il y avait trop et trop peu de membres; le nombre de cinq nuisait à l'unité, qui seule peut produire l'action vive que l'on cherche, en appliquant la partie monarchique à une population grande qui occupe un vaste territoire. Ce nombre était trop petit; il nuisait à la sûreté de la démocratie, par la multitude des portes qu'il ouvrait à la corruption. Dans le premier cas, le directoire ne pouvait pas servir l'état; dans le second, il devait renverser une constitution trop démocratique. On a vu ces deux effets simultanément; sous lui la France a été mal gouvernée, et tous les momens de son existence ont été marqués, par des délits contre le principe de la démocratie. Chacun de ses actes abusifs a été dû, ou aux craintes que lui inspirait sa non responsabilité, ou à la corruption produite par sa composition de cinq membres délibérans, ou à ce qu'il représentait trop démocratiquement la partie monarchique d'un gouvernement représentatif mixte, ou à ce qu'on l'avait privé du *veto*.

En total, les trois prétendus pouvoirs que la constitution de l'an IV croyait avoir créés étaient non seulement indépendans, ce qui doit être la base des gouvernemens mixtes, mais de plus étrangers entre eux. On ne peut pas dire qu'ils balançaient constitutionnellement; car le directoire, privé du *veto*, n'avait jamais d'autre chose à mettre dans la balance que les abus de l'autorité, qu'on n'avait ni pu, ni osé lui ôter.

Il n'existait pas d'opposition constitutionnelle entre eux; les chambres qui composaient le corps législatif n'avaient ni les mêmes droits ni les mêmes facultés l'une sur l'autre; il n'existait que l'opposition interne dans une seule des chambres, qui pouvait être toujours l'esprit de faction, et jamais l'amour de la constitution; c'est ce qui est toujours arrivé dans les cinq cents.

L'exercice du *veto* par les deux cent cinquante n'avait d'effet réel que de paralyser un grand nombre de talens. Si les deux chambres avaient eu le *veto* l'une sur l'autre, l'effet qu'on attendait de celle des deux cent cinquante était obtenu; plus, le profit pour la nation de l'usage des talens qu'elle réunissait. En outre, si le directoire avait eu le *veto* sur les deux chambres, les délibérations législatives, que la lenteur doit caractériser, eussent été plus adaptables aux besoins de l'état, aucun des trois pouvoirs ne pouvant en juger mieux que lui. Mais, donner le *veto* au pouvoir exécutif eût été une imitation de la législature anglaise. Il ne fallut donc pas y penser; cependant on pouvait le lui laisser en le modifiant; il pouvait n'être pas absolu, et il eût produit le même effet.

Le prétendu mauvais usage qu'en avait fait le roi constitutionnel avait grossi aux yeux des législateurs l'importance de cette prérogative. Il fallut alors, d'une part, ne pas la donner au pouvoir exécutif, même en la modifiant; ce qui pouvait être fait de plusieurs manières : et d'autre part, assommer la nation de son poids, en le confiant à un corps de deux cent cinquante hommes.

De cet oubli de principes, de cette présence de petites passions, et de cette inexpérience dans la connaissance du cœur humain, il est résulté que les deux corps actifs de la législature, étant composés trop démocrativement, le gouvernement a été exposé à tous les inconvéniens de la dilatation de la souveraineté, d'après les principes de la démocratie. La division, qui a dû remplacer les oppositions constitutionnelles, a dû, de toute nécessité, opérer son renversement.

Ce gouvernement, créé par la constitution de

l'an IV, a disparu comme on voit, sans retour et sans regret, disparaître une mauvaise décoration de théâtre, laissant à la postérité l'idée la plus désavantageuse des législateurs qui l'avaient si ridiculement organisée.

CHAPITRE LXV.

Déportation de l'an V, ou 18 *Fructidor.*

DANS la journée du 18 fructidor, on vit se développer simultanément tous les défauts que nous avons dénoncés en parlant de la constitution de l'an IV. Ce jour-là, on connut jusqu'où pouvait conduire le danger des formes démocratiques, appliquées à un pouvoir exécutif dans un gouvernement représentatif mixte; l'absence d'une opposition constitutive dans les corps délibérans; la lutte forcée entre deux corps exclusivement actifs dans une législature, et la responsabilité d'un pouvoir exécutif, c'est-à-dire, que l'on apprit qu'un tel pouvoir exécutif ne pouvait point servir un état, mais que cependant il devait renverser la constitution.

Le parti anti-directorial qui était dans les cinq cents, se conduisait dans les derniers momens qui précédèrent cette journée, comme des corneilles qui abattent des noix. (Nous demandons grace pour la trivialité du proverbe.) Les membres de ce parti étaient des hommes, composant, il est vrai, un corps politique, mais se laissant aller à l'emportement du zèle inconsidéré de missionnaires ignorans. La leçon du 4 août 1789 ne leur avait pas suffi; mais s'ils avaient oublié les mal-adresses qui rendront à jamais cette nuit mémorable, le directoire se souvint que Louis XVI, avec des coups de vigueur et d'éperons, eût tout arrêté. C'était des politiques enfans de chœur, qui croyaient qu'on ne leur donnerait plus le pain béni, parce qu'on leur défendait de se pendre aux cloches; ils ne se mirent pas en mesure pour faire un coup de force. On fit sur eux le lendemain, ce qu'ils eussent dû faire la veille sur les autres.

Il s'en faut cependant que nous veuillions prétendre que tous les membres de ce parti avaient cette sorte de torts. Un grand nombre désapprouvait cette conduite; mais tous, indistinctement, continuaient d'être révoltés par le parti que l'on attaquait si mal. De sorte que, par délicatesse, ils restèrent exposés à toutes les suites des imprudences et des exagérations, on peut dire, de la députation d'une seule ville, plutôt que de se ranger du parti contraire, ou de se prononcer contre ce petit nombre de leur parti, dont rien ne pouvait arrêter la fougueuse impétuosité.

Ce serait donc une grande erreur de croire que tout le parti qui fut sacrifié le 18 fructidor, fût réuni par une conformité d'opinions. Il était uni par une même haine contre la majorité du directoire; il consentait à le renverser, sauf à s'entendre après sur l'avenir.

Bien des gens ont cru que, parce qu'un député de ce parti, qui s'était emparé de la tribune comme d'une propriété, était royaliste de bonne foi, tous ceux du parti l'étaient aussi. On peut bien croire qu'ils eussent fini par se ranger du côté de cette opinion, si à ces idées du retour de l'ancien régime eût été attachée l'idée du retour infaillible de l'ordre; mais ce n'était pas là leur pensée.

Il n'y a que ceux qui n'ont pas connu les opinions de ces députés, leurs talens et leurs caractères, la part active qu'ils avaient prise, pour la plupart, à plusieurs événemens de la révolution, dans ses diverses périodes, qui puissent se tromper sur eux dans cette occasion.

C'étaient en général des hommes qui n'étaient pas couverts de taches révolutionnaires ineffaçables, qui pensaient qu'il pouvait y avoir un milieu entre l'ancien régime et un pouvoir exécutif, délibérant avec des formes démocratiques, exposé par là à la corruption, et notamment aux ressources du trésor d'une nation, dont la valeur sur le continent, réside dans sa qualité pécunieuse.

Ce que l'on pourrait ajouter qu'à toute extrémité ils eussent recouru à la royauté, est une conjecture à laquelle eux-mêmes ne sauraient répondre que par un peut-être. Presque toujours, dans la révolution, on a trop attribué aux hommes à qui on a reconnu des talens. On leur a toujours supposé des vues étendues et pénétrantes dans l'avenir, lorsque leur coup-d'œil politique arrivait à peine à débrouiller les circonstances dans lesquelles ils se trouvaient; et c'est bien assez, c'est même beaucoup au milieu des tourbillons qui ont caractérisé la révolution française; nous en appelons à leur bonne foi secrète.

Ceux qui furent frappés de cette déportation ont presque tous été rappelés; ils sont rentrés dans leurs biens, ils occupent des places distinguées, ils remplissent des postes importans, ils sont appelés aux emplois les plus lucratifs et les plus honorables, la justice du nouveau gouvernement les a vengés de l'injustice de celui qui es déporta.

CHAPITRE LXVI.

Bonaparte.

C'est la France qui a donné le grand scandale du désordre révolutionnaire, elle donne aujourd'hui l'exemple du retour à l'ordre.

L'élévation de Bonaparte n'est ni une période révolutionnaire, ni une nuance d'un gouvernement républicain engendré par la révolution; c'est le triomphe des principes contre les paradoxes révolutionnaires, parce que son gouvernement oppose le respect aux profanations.

Bonaparte a fixé la révolution, en modifiant la représentation nationale, et la France a cessé d'être révolutionnaire, dès-lors que le pouvoir exécutif ne trouvera plus dans les corps législatifs qu'une opposition constitutionnelle à la place des oppositions factieuses.

Ce qui était donc vrai hier, relativement à la France, est faux aujourd'hui, et l'on doit être convaincu que Bonaparte cherche à consolider la révolution, par le rappel de tous les principes.

Par conséquent, lorsqu'un législateur contre-révolutionnaire, dans un autre pays, veut combattre la révolution française, il doit s'armer contre les impressions causées par le gouvernement terrassé par Bonaparte, afin de les détruire ; et pour l'avenir, au lieu d'étudier la volonté ou les dispositions du peuple Français, c'est la politique du gouvernement consulaire qu'il doit chercher à connaître, alors il ne se trompera pas dans les rapports qu'il doit établir avec la France, ni sur le parti qu'il doit tirer, envers son peuple, de la contre-révolution, pour déraciner les idées révolutionnaires.

CHAPITRE LXVII.

Constitution de l'an VIII.

Sous quelque rapport que l'on considère les différens corps qui concourent à la conservation de la constitution de l'an VIII, à la confection et à l'exécution des lois, on ne cesse d'appercevoir que les auteurs de cet acte constitutionnel, reconnaissant combien ils s'étaient éloignés jusqu'alors, dans leurs productions constitutionnelles, du genre de constitution qui convient à un peuple immense, qui occupe un vaste territoire, font l'aveu de leurs erreurs avec adresse, et d'une manière profitable.

En fondant un pouvoir exécutif concentré, ils

le soumettent à des formes qui ne peuvent pas manquer de l'éclairer et de le rectifier, ce qui manque à presque tous les gouvernemens connus; ils ont aussi ralenti ce pouvoir dans sa marche vers le despotisme, parce que, par la non responsabilité, ils ôtent à celui qui l'exerce, et le besoin et le desir de devenir desposte.

On ne dira point à ces auteurs qu'ils se sont trompés dans la confection d'un gouvernement représentatif, on est convaincu avec eux qu'ils ont fait ce qu'ils avaient intention de faire; ils ont cherché à concentrer l'autorité, en quoi ils ont parfaitement réussi. Toute la France doit leur en savoir gré, sur-tout si, par les postes qu'ils occupaient avant le 18 brumaire, ils ont su favoriser et seconder les destinées de Bonaparte, si propice à leur patrie depuis son élévation.

L'exercice du pouvoir concentré, par la forme qu'on a dû lui donner, a arrêté aussitôt la marche de la révolution. Le principe du nouveau gouvernement est entièrement opposé au principe des autres gouvernemens qui l'ont précédé; s'ils différaient par l'emploi des formes, ils ne concordaient pas moins entre eux, par l'esprit révolutionnaire.

Ceux-là, sous tel rapport, tendaient à dilater l'autorité; sous un autre rapport, à la comprimer par la responsabilité, à l'étouffer même par l'influence des assemblées populaires légales ou illégales, et lorsqu'elle se détournait de sa route, elle tombait dans l'anarchie.

Celui-ci au contraire, concentre l'autorité, lui donne une action entièrement libre par la non responsabilité, et l'affranchit du dangereux contact populaire; si elle s'écarte, elle tendra vers le despotisme. Ces gouvernemens sont donc évidemment opposés les uns aux autres; si ceux-là étaient révolutionaires, celui-ci est indispensablement en opposition aux formes des révolutions.

Le gouvernement consulaire, en temps de paix et de tranquillité, marcherait sans le secours de la force militaire; mais le caractère qu'il a dû prendre, par la force des circonstances, exige que tous les avantages et toutes les prérogatives soient accordées à l'armée.

Comment pourrait-on trouver en France une classe anti-révolutionnaire hors de l'armée? Pour fixer la révolution, il fallait à-la-fois une classe nouvelle, et une classe qui n'eût besoin de ménager aucune faction, afin de pouvoir appliquer indistinctement le vrai principe générateur de la tranquillité publique. Ce principe consiste à traiter tous également, ense faisant craindre de tous par une force imposante et irrésistible, sans presque jamais avoir besoin d'en faire usage. Hors de l'armée, on ne pouvait pas trouver cette classe bienfaisante, et cette force, on ne pouvait la trouver que dans l'armée.

Les factions sont toutes travaillées du besoin de s'entre-détruire, parce qu'elles manquent de force intrinsèque; le gouvernement entre leurs mains ne peut donc jamais être que révolutionnaire, sans cesse occupé des moyens de se conserver et de détruire.

Le nouveau gouvernement au contraire, jouissant d'une force intrinsèque qui veille à sa conservation, n'a jamais besoin de détruire pour se conserver. Ce n'a jamais pu être que par un semblable gouvernement, que l'on a pu tenter de mettre fin à une trop fâcheuse révolution.

Bonaparte, élevé au poste de premier consul de France, devenu ensuite le restaurateur de la tranquillité publique dans sa patrie, et le pacificateur de l'Europe, nous offre l'image du modérateur le plus extraordinaire qui ait jamais existé, parce qu'il a consommé son ouvrage sans armée, sans peine de mort, sans proscriptions arbitraires, sans confiscations. On le croyait battu, vaincu et mort en Égypte, où l'on dit qu'il avait été envoyé comme en exil par une faction dominante : aussitôt après, on apprend qu'il est débarqué à la rade de Saint-Raphaël, à l'extrémité de la Provence; il traverse la France en particulier, il est vrai, mais non en homme qui se croit, ou que l'on croit nul (les anecdotes de sa route appartiennent à ses mémoires); il arrive à Paris; six semaines après, il renverse le directoire, les conseils et la constitution qui troublait la France depuis quatre ans; il s'élève au-dessus de tous, il substitue au gouvernement réputé représentatif une simple commission, et il ordonne un acte constitutionnel, dont il met préalablement les parties en exécution.

Tous les actes jusqu'alors étaient des actes anti-révolutionnaires, émanant de sa propre autorité, sans l'apparence du concours du peuple. Il adresse une constitution aux Français; elle est acceptée dans la forme qu'elle prescrit, et le gouvernement consulaire, lors même qu'à peine il débute, fait renaître les idées de bonheur dans l'esprit d'un peuple nombreux; la félicité semble vouloir occuper de nouveau un vaste territoire trop long-temps ravagé.

Bonaparte, fort de l'esprit qu'il a créé en France, a pu montrer la même opposition, et la même impartialité contre tous les partis; plus fort qu'eux tous ensemble, il n'a eu besoin d'en proscrire aucun, ni en masse ni en détail. Cette force a brisé le principe révolutionnaire vacillant depuis tant de temps, et a engendré le principe anti-révolutionnaire immuable depuis vingt mois.

Il attaque tout, comprime toutes les factions;

mais il ne détruit rien; il rapproche, sans danger, les élémens les plus contradictoires; les jacobins et les émigrés; il fait taire les intrus, et rapelle les déportés. Dans sa position, il ne devait punir aucun délit politique passé : s'il a été sévère en nivôse an IX, par la peine de mort et par une déportation, c'est pour des délits postérieurs à son élévation et contre l'ordre existant.

Ce qu'il y a eu de plus admirable dans la création de cette nouvelle autorité, c'est qu'elle a obtenu son effet, sans qu'il y ait eu solution de continuité, dans l'exercice des pouvoirs gouvernans, en France comme au dehors. L'imperturbable activité de Bonaparte n'a été effrayée de rien; il a augmenté la force des armées hors de France, lorsque le besoin semblait plus pressant dans l'intérieur. Il avait promis la paix le jour de son avènement; non seulement il a toujours montré qu'il était de bonne foi, mais il ne s'est pas même cru obligé de la précipiter pour tenir parole; il a dû calculer qu'une paix brillante et dictée serait le soutien le plus solide du nouveau gouvernement. Il est arrivé heureusement à son but, malgré tous les hasards qui auraient pu le desservir et l'arrêter dans sa carrière.

De tous les Français qui se sont distingués dans la révolution, Bonaparte est celui qui réunissait le plus de qualités pour le poste auquel il est arrivé.

Pour fixer la révolution, il fallait indispensablement l'action du gouvernement militaire; Bonaparte est le général qui excitait le plus la confiance de l'armée.

Pour renverser toutes les factions, il fallait n'avoir eu aucune part dans leurs exercices. Bonaparte n'a été d'aucune représentation nationale.

Pour ne pas déplaire à la nation, il fallait n'être teint du sang d'aucune des victimes de la révolution, Bonaparte n'a jamais figuré dans les clubs ni dans les assemblées populaires; il n'a été nommé ni au 14 juillet, ni au 5 octobre, ni au 20 juin, ni au 10 août, ni au 2 septembre, ni au 21 janvier: dans l'opération des sections; il ne fut que militaire.

Si Bonaparte ne plaît pas à tous les Français, c'est que les colosses doivent être vus de loin, c'est que, obligé de le comparer à une foule de grands hommes qui l'ont précédé, pris collectivement, on se croit permis d'exiger qu'il réunisse aussi toutes leurs qualités et toutes leurs formes indifférentes: mais on ne fait pas attention qu'il n'est César, qu'il n'est Auguste, qu'il n'est Médicis que dans de certains points; et que s'il était eux en tout, pour être Jules-César, il faudrait qu'il n'eût point de mœurs; pour être Auguste, il faudrait qu'il confisquât et qu'il décernât arbitrairement la peine de mort; pour être Médicis, il devrait être un marchand, etc.

Lorsque tant de grands hommes figurent dans un seul, peut-on avoir quelque difficulté à glisser sur des détails qu'il pourrait réunir, en faveur de l'absence des vices qu'il serait dangereux qu'il eût.

Tous les hasards ont servi Bonaparte, et d'une manière si prononcée, que c'est s'élever contre la Providence, que de dire qu'il n'est pas à son poste naturel; mais n'y aurait-il aucune différence entre les hasards qui l'ont servi, et ceux de la naissance? Il y a précisément la différence qui existe entre lui et le prétendant de France.

CHAPITRE LXVIII.

Le Prétendant de France.

Un chapitre sur le prétendant ne peut pas être étranger à l'Essai sur l'Art de rendre les Révolutions utiles. Ce personnage a tant de rapports avec les événemens de France; on commet tant d'erreurs en parlant du peuple Français à son occasion, et la révolution de France et sa fixation opérée par Bonaparte, ont tant d'influence sur les pays que l'épidémie révolutionnaire a ravagés, qu'il est indispensable de provoquer l'attention du législateur sur un personnage si important.

Tout ce qu'il y a à dire sur la succession aux

couronnes par droit de naissance; ce que pensent les peuples sur les rois détrônés; ce que les rois peuvent faire pour leurs semblables, lorsqu'ils sont dans l'infortune; les opinions des rois et des peuples sur les usurpations quelle qu'en soit l'origine; tout cela, on peut l'observer dans l'histoire de Jacques II et de ses héritiers.

Il s'agit ici de l'effet que pourrait produire en France le retour du prétendant.

Ceux qui disent que rien ne peut se faire en Europe sans ce retour, ne font pas attention aux suites et aux conséquences; ils n'ont pas assez réfléchi avant d'émettre cette opinion; ils se seraient convaincus qu'il n'existe, pour favoriser ce retour, qu'un seul moyen, un moyen seul et unique, qui ne fût pas désastreux et productif de nouveaux bouleversemens; qui serait que la nation, supposée unie dans la volonté d'un seul, le redemandât, alors plusieurs difficultés seraient aplanies, bien des obstacles facilement levés, et presque tous les genres de malheur évités.

Mais ce moment est difficile à prévoir, quoiqu'il puisse arriver demain. Au reste, le rétablissement de la maison de Bourbon sur le trône de France est un instrument avec lequel la politique des cabinets amuse les demi-politiques.

La disposition des esprits en France a subi, depuis un an, une telle métamorphose, que nous osons nous persuader qu'il n'est aucune question politique qu'on ne puisse traiter, sous le rapport qu'elle tient, plus ou moins, aux événemens qui peuvent contribuer à la tranquillité et au bonheur de la nation. L'esprit de parti n'est plus la base des systêmes des gouvernans; le gouvernement n'est point sujet à ces craintes qui faisaient voir des factions par-tout, et comprimaient la pensée des hommes de bien; il est lui-même étranger à tout esprit de faction. Les Français, en général, fatigués des formes de la révolution, jouissant du repos que leur procure le gouvernement consulaire, trouvent beaucoup moins de sujets d'emportement dans ce qui autrefois n'entrait pas dans leurs opinions. Si on leur parle, par exemple, du prétendant, ils ne répondent pas, avant d'entendre, que le nommer c'est troubler l'ordre public. Mais ils examinent, avec attention et froidement, si sa présence ne diminuerait ou ne détruirait pas la félicité publique, ou si elle la conserverait et la propagerait.

Nous osons nous flatter qu'on ne saura point mauvais gré à un auteur, qui a traité en principes toutes les circonstances de la révolution, de parler aussi du prétendant, dont l'existence n'en est certainement pas l'incident le plus léger aux yeux de l'observateur, pourvu que ce soit sous le rapport des principes qui dirigent le gouverne-

sous lequel on écrit, avec le respect dû au malheur, et en ne frondant aucune opinion pour ou contre.

La situation du prétendant de France est devenue plus mauvaise, depuis que, sans sa présence, le gouvernement consulaire procure la tranquillité aux Français, par les seules voies et les seuls moyens qu'il devrait employer, si jamais il arrivait au trône.

Son avénement aux prétentions de la couronne de France concourut avec l'anarchie qui succéda au terrorisme de Roberspierre. Sous cette période, les opinions des départemens en deçà du Rhône, de la Drôme et de la Durance, sur une contre-révolution en faveur de la maison de Bourbon, se manifestèrent de plus d'une manière; Lyon se repaissait de l'espérance d'être appelée capitale de la France. Les départemens indiqués demandaient M. le duc de Bourbon, M. le comte d'Artois, enfin le roi.

Le prétendant pouvait, à cette époque, changer toute la face des affaires, s'il eût adopté pour principe fondamental et invariable de sa conduite, que pour s'emparer de l'opinion il faut la connaître; que pour la connaître il faut la suivre; que pour la suivre il ne faut pas la contrarier: il se fût alors mis au fait de l'opinion qui existait en France, et il eût facilement découvert comment il devait la suivre et s'en emparer.

La France pouvait, dans ce temps-là, être comparée à un malade sur lequel divers médecins exerçaient leur fatale science. La convention faisait des expérience sur lui, et les puissances coalisées voulaient le tuer. Le besoin du malade était donc un homme habile, qui sût réprimer les faiseurs d'expériences, et éloigner les assassins. Personne plus que le prétendant avait droit de se donner pour cet homme habile.

Il n'était pas nécessaire qu'il fût un soldat ou un général, il fallait seulement qu'il sût monter à cheval et se montrer à propos. Il ne devait pas examiner s'il courait des risques ; il n'importait qu'il mourût, pourvu qu'après lui un Bourbon fût roi.

Les moyens qu'il eût dû employer pour arriver à son but consistaient à ne jamais manifester d'autres plans positifs, dans ses proclamations, que le desir de rendre heureux le peuple français, et de le délivrer de la tyrannie révolutionnaire, d'établir le gouvernement militaire, par-tout où il pénétrerait, en promettant un gouvernement accommodé aux circonstances et au temps, aussitôt après que les convulsions seraient appaisées :

A ne parler ni de départemens, ni de provinces, pour ne pas indiquer des idées arrêtées sur la division de la France :

A ne faire aucune mention du clergé, de la

noblesse et des parlemens; un roi sans royaume n'a pas besoin de ces corps :

A ne jamais nommer les autorités qui gouvernaient la France, pour n'être pas obligé de leur donner des épithètes mal-adroites :

A promettre une amnistie générale à quiconque viendrait se ranger sous les drapeaux du comte d'Artois :

A déclarer la guerre à toutes les puissances de l'Europe, alors coalisées contre la France, et à prendre son commandant-général des armées, parmi les généraux qui commandaient alors les armées de la république :

A ordonner à l'armée de Condé de rentrer, et de se mettre sous les drapeaux de son nouveau généralissime.

Ces moyens eussent pu ne pas réussir; mais ils étaient conformes au principe de ne pas contrarier l'opinion pour s'en emparer, et à la position du prétendant, qui devait desirer à-la-fois, de délivrer la France des malheurs qui l'acablaient, et de se venger de la perfidie des cabinets de l'Europe qui se jouaient de lui. Bien certainement, les Français eussent vu avec plaisir que le roi ne venait pas porter en France l'influence des armées ennemies; que c'était avec la nation qu'il faisait cause commune, et non avec des étrangers, et qu'il ne cherchait pas à s'asseoir sur le trône par leur humiliation.

Le prétendant, dominé par ses alentours, qui étaient restés, en matière politique, au même point où ils étaient lorsqu'ils émigrèrent, adressa une lettre au peuple français, dans laquelle il le menaça de sa vengeance; il désigna des coupables, il annonça qu'il rétablirait le clergé, la noblesse et les parlemens; c'est-à-dire que sa lettre dut être faite par ces différens corps, qui chacun fournirent leurs articles.

Il ne se tint pas assez en garde contre l'esprit de parti dans l'examen des plans qu'on lui proposa, afin de juger s'ils n'étaient pas en faveur des corps à qui appartenaient leurs auteurs, et d'éviter que sa marche vers le trône fût entravée par la noblesse si c'était un noble, par le clergé si c'était un ecclésiastique, par les parlemens si c'était un magistrat.

L'effet de cette production fut que les amis du roi eux-mêmes étaient convaincus que c'était la convention qui l'avait supposée, pour achever d'éloigner de lui le cœur des Français.

En effet, cette lettre détacha du parti du roi tous ceux qui, quoique partisans de la royauté, n'aimaient pas les parlemens; tous ceux qui avaient des griefs contre la noblesse, et ceux qui, étant nobles, n'approuvaient pas dans la noblesse les nuances qui les offensaient; beaucoup d'acquéreurs des biens du clergé, qui avaient cru jusqu'alors pouvoir concilier le retour du roi, avec leur acquisition, une infinité de chefs de l'armée, etc.

La situation du prétendant devint donc plus mauvaise par le fait de cette lettre. Depuis lors elle n'a fait qu'empirer. Il est facile de s'en convaincre, en jetant un coup-d'œil sur le tableau que présente la France.

La révolution, en ne la prenant que du 14 juillet 1789, époque où cessa l'ancienne autorité monarchique, a environ douze ans d'existence. Nous allons examiner quels sont et ont dû être ses effets dans ce long intervalle de temps, sur l'esprit et sur le cœur de la nation française. Nous verrons ensuite quelles conséquences on pourra en déduire, relativement au prétendant.

La révolution, sous le rapport que nous devons la prendre, nous permet de considérer le peuple français selon ses différens âges, et selon les actes qui ont distingué les diverses classes qui le composent.

Ce n'est point une exagération de dire qu'à l'âge de vingt ans, un jeune homme en France n'avait jamais entendu parler du gouvernement. Arrivé à cet âge, il ne l'a connu que par le mal qu'on en a dit. Depuis lors, il a eu une existence agréable pour la jeunesse, une liberté excessive en tout genre, quelquefois de la consistance, souvent de la considération; plus souvent encore il a joué un rôle, qu'en général sa naissance, ou son âge ne lui eussent jamais permis de jouer sous le règne des distinctions, des exemptions, des priviléges, des merites héréditaires et de la vertu du parchemin. Jusqu'à l'âge de trente-deux ans, tout Français est donc partisan de la révolution.

Dans la période de trente-deux à soixante ans, sont compris tous ceux qui, ont pris part à la révolution dans ses différentes époques. Nous allons voir que presque tous en sont partisans d'une ma-manière exclusive, activement ou passivement.

C'est dans cette période que se trouvent toutes les factions révolutionnaires que le gouvernement de Bonaparte a renversées et comprime; tous ceux qui ont participé aux diverses représentations nationales, tous les acquéreurs des biens qu'on a déclarés être nationaux, tous ceux qui exercent, à leur grande satisfaction, les emplois civils, judiciaires, militaires et politiques de la nouvelle création; tous ceux qui ont contracté, par eux ou par leurs enfans, des alliances avec les révolutionnaires de toutes les classes, quoique dans le principe ils n'eussent pas été partisans de la révolution; tous les prêtres intrus, jureurs, mariés et apostats; toute l'armée, laquelle tient le suprême rang en France, et ne le tenait pas sous le règne des familles de qualité, tous les indifférens et tous les tièdes.

On ne peut pas nier que toutes ces divisions veulent que la révolution se consolide, ou que ses effets soient conservés par une contre-révolution spéciale. Cette contre-révolution spéciale est précisément ce que fait aujourd'hui Bonaparte, par l'appel à la pureté des principes qui doivent gouverner les hommes.

Le prétendant eût pu atteindre à ce but avant le gouvernement consulaire; mais comment y arriverait-il aujourd'hui? il n'a plus de partisans en France que dans les indifférens, les tièdes, les prêtres non jureurs et les prêtres rentrés. Parmi ces partisans, aucun n'est dans la situation de prendre part active à ses intérêts. Les indifférens et les tièdes de leur nature ne sont bons à rien; les prêtres en question ne peuvent le servir que très-passivement, par une résignation qui les ferait passer du gouvernement consulaire sous le gouvernement du roi, comme ils sont passés médiatement de la monarchie sous le gouvernement actuel, lorsqu'on n'a pas contrarié leur conscience.

Le prétendant a perdu la seule circonstance favorable qui pouvait le servir, lorsqu'il ne profita pas de l'anarchie qui couvrit la France, depuis la mort de Roberspierre jusqu'à l'affaire des sections. Il est abandonné des puissances dans ses qualités prétendues; un jour il recevra peut-être ses moyens d'existence d'une manière splendide, de la France elle-même.

Le mot royauté est exotique dans la plupart des têtes françaises, et sur-tout de celles qui gouvernent. De tous ces habiles généraux français, qui étonnent l'univers par leurs exploits, peu sont ducs, contes ou marquis, et presque tous sont de cette classe qui est au-dessous de trente-deux ans.

Si Louis XVI vivait, à chaque instant son espérance de remonter sur le trône pourrait se renouveler, parce qu'enfin on lui a rendu justice, on l'a connu. On se le rappelle et son souvenir retrace l'idée d'une belle ame, de la paternité royale, de l'infortune, des torts de toute la nation envers lui, sans parler de sa mort, que la nation rejette sur les factions.

Mais le prétendant, dont on respecte les talens, ainsi que les infortunes, n'est pas généralement connu en France. Non seulement il n'a pas régné et perdu un trône; mais il n'est pas le successeur immédiat de ce roi que l'on pleure, et à qui l'on rendrait la couronne. Ses espérances et ses ressources ne peuvent donc plus résider aujourd'hui que dans les événemens imprévus.

CHAPITRE LXIX.

Pouvoir Exécutif héréditaire.

Si avant que la France eût reconnu dans la constitution de l'an VIII le principe de la concentration du pouvoir exécutif, on eût osé en parler, c'eût été un scandale anti-républicain, un blasphême aristocratique ; mais aujourd'hui que l'espace immense qu'il y a entre la dilatation du pouvoir et sa concentration est franchi, nous croyons qu'il est, de plus, permis sans blesser aucune opinion, de parler de l'hérédité du pouvoir exécutif. S'il y avait une distance comme mille, du décret du 22 septembre 1792, à la constitution de l'an VIII, il n'y a pas même une distance comme un de la concentration de l'autorité à l'hérédité du pouvoir. On peut dire que l'un est une conséquence de l'autre, lorsqu'il s'agit d'une grande population.

La question sur l'hérédité du pouvoir gouvernant dans un grand empire n'en est pas une parmi les législateurs dépouillés d'esprit de parti. Elle a pu être agitée dans des temps d'effervescence, où tout était interverti, où la fausse philosophie et l'exagération présidaient à la reconstruction d'un édifice renversé de fond en comble : mais qui serait aujourd'hui le politique assez écolier pour nier l'efficacité de la concentration du pouvoir, après l'expérience qu'on en faite en France? Or, l'hérédité du pouvoir fait partie de la concentration.

Ce n'est pas d'après les principes de la législation qu'il faut traiter cette question délicate; elle est, comme nous avons dit, résolue; c'est d'après la pratique, c'est d'après la disposition des esprits qui jouissent des avantages de la concentration du pouvoir, qu'il faut juger si l'idée d'hérédité ne présente pas une homogénéité parfaite avec l'idée de concentration.

Depuis que Bonaparte est à la tête du gouvernement, on s'est tellement familiarisé avec l'idée du pouvoir concentré, et la concentration de ce pouvoir est arrivée à une telle évidence de démonstration, qu'elle ne fait plus objet de doute, ni même sujet de discussion et de conversation. Les nouvelles formes ont fait oublier tous les paradoxes, sur lesquels était fondée cette fâcheuse dilatation du pouvoir gouvernant, qui a causé tant de malheurs. Ses suppôts et ses prédicateurs, honteux de leurs erreurs, désavouent avoir jamais eu d'autres intention que celle d'affermir une autorité, en rendant les droits égaux, et les lois impartiales.

Que nous importe la vérité de leur aveu? aujourd'hui les plus grands ennemis du pouvoir concentré confessent hautement que la France ne pouvait retourner dans la route du bonheur que par l'exercice libre et entier de ce pouvoir.

Il est si vrai que la concentration du pouvoir, l'hérédité de ce pouvoir, et, par opposition, les dangers de son élection périodique, ne font plus qu'une même chose dans l'esprit des Français du commencement du dix-neuvième siècle, qu'il ne faut pas confondre avec eux-mêmes dans les dernières années du siècle qui l'a précédé, que Bonaparte n'aurait presque plus, je ne dis pas d'ennemis, il a tout fait pour n'en avoir aucun, mais même d'opposans, *si*, en décrétant la concentration du pouvoir, il avait aussi décrété l'hérédité, avec un mode supplémentaire, en cas de non postérité.

Bonaparte ne rencontre de l'opposition que parmi ceux qui se plaignent de ce qu'il ne rétablit pas tout à-la-fois. On sent toute l'injustice et l'inconsistance de ce motif, lorsqu'on se rend compte de ce qu'il a fait, et du peu de temps qu'il a eu; il est évident alors qu'on ne peut pas lui disputer l'intention de remédier à tout si on lui en laisse le temps.

Au fond, ceux qui le connaissent personnellement ne peuvent que faire des vœux ardens pour la prolongation indéterminée de ses jours;

et ceux qui ne le connaissent que politiquement doivent désirer qu'il vive au moins jusqu'à ce qu'il ait pourvu à la tranquillité perpétuelle de la France, par toutes les conséquences qui découlent de la concentration du pouvoir.

Bonaparte ne doit pas seulement se considérer comme un pouvoir exécutif, préposé pour rendre le peuple français plus heureux qu'il n'a été sous les différens gouvernemens qui l'ont précédé. Il est plus qu'une partie passive d'une constitution ; il n'a pas perdu cette activité qui lui fit renverser le directoire, et y substituer le gouvernement consulaire, par la raison qu'il est premier consul. Ce gouvernement ne doit être regardé que comme un pas fait vers la perfection à laquelle une constitution doit arriver, pour procurer un bonheur permanent à la nation française. Or, parmi tous les moyens qu'il doit mettre en usage en visant à ce but, l'hérédité du pouvoir gouvernant est le premier ; il est d'une nécessité absolue.

En prononçant cette hérédité, on doit concilier tous les préjugés de la nation sur une matière si importante, ceux contre le nouveau régime, comme ceux en faveur ; il y a des moyens qui répondent à tout. C'est l'intérêt de la nation que l'on doit avoir en vue ; n'importe s'il y aura des individus, de quelque importance qu'ils puissent être, qui éprouveront des changemens dans leur existence, ou seront frustrés de leurs espérances plus ou moins fondées. La nature, il nous semble, a grandement favorisé les hommes, lorsqu'elle les a placés de manière à contribuer au bonheur de leur patrie par leurs propres sacrifices.

Il n'est pas nécessaire de s'appesantir sur les inconvéniens des pouvoirs exécutifs sujets aux élections; qu'on lise l'histoire de la Pologne, et qu'on se rappelle la succession des empereurs romains.

Il est prouvé que ces élections font à peine bon effet dans les petites républiques; ce n'est presque qu'en Suisse qu'on a pu s'en louer. La papauté, à cause du concours de la royauté avec le souverain pontificat, ne peut jamais faire objet de comparaison; de plus, l'état de l'église n'est pas vaste.

Le pouvoir exécutif est électif dans les états-unis de l'Amérique; mais c'est un empire naissant. Néanmoins il a une marche si gigantesque dans toutes les voies de prospérité, que l'on peut présumer, sans trop de hardiesse, qu'il arrivera, plus tôt qu'on ne pense, à l'hérédité du pouvoir.

Le fédéralisme retardera peut-être un peu cette révolution, mais il ne l'empêchera pas; et même, à une certaine époque, il la précipitera. On ne sera pas long-temps à s'appercevoir des inconvéniens d'une présidence élective; mais on les supportera jusqu'à ce que la population soit arrivée au degré requis pour opérer un tel changement politique, ou que différens états aient acquis assez de consistance pour renoncer à la fédération.

Ce qu'il pourra y avoir de moins frappant à certe époque sera la dissolution du système fédéral; alors le gouvernement général électif disparaîtra; de sorte que, s'il ne devient pas héréditaire, c'est parce qu'il n'existera plus; mais, dès-lors, le principe de l'hérédité deviendra applicable aux différentes branches de l'arbre fédératif, qui formeront encore, à elles seules, des empires très-vastes et très-peuplés.

L'assemblée constituante elle-même ne mêla pas à tant d'erreurs qui caractérisent son ouvrage constitutionnel celle d'ôter l'hérédité au pouvoir exécutif. Cette erreur n'a pu être commise, après sa séparation, que par l'exagération, et on n'a pu différer de la corriger que parce qu'on s'est défié, jusqu'ici, des effets profonds des paradoxes sur l'esprit des Français. Une grande maladie, telle que celle d'une révolution, ne peut se guérir qu'en combinant les remèdes contre les nouvelles affections dangereuses, avec les remèdes contre les anciennes infirmités.

CHAPITRE LXX.

Soumission du Clergé déporté à la Constitution de l'an VIII.

Les évêques et les prêtres qui se sont soumis à la constitution de l'an VIII ne sont ni schismatiques ni hérétiques : donc tous les évêques et tous les prêtres doivent s'y soumettre ; mais il y a des évêques et des prêtres qui s'y refusent, parce que, disent-ils, c'est ratifier l'injuste confiscation des biens du clergé et des émigrés, parce que les lois sur le divorce, sur le mariage des prêtres, et sur les vœux religieux, ne sont pas révoquées, et parce qu'il n'y a aucun article dans la constitution qui parle de la tolérance. Ces difficultés supposent que la religion romaine est rappelée comme privilégiée et exclusive. Or, elle n'est rappelée que sous le rapport de la tolérance, d'où il résulte qu'elle est libre de se conserver dans sa pureté, et ceux qui reconnaîtront le divorce, le mariage des prêtres, et nieront qu'il peut exister des engagemens qui lient plus spécialement la créature au créateur, formeront une secte en France comme les luthériens et les calvinistes.

Il en est du divorce, du mariage des prêtres et

des vœux, comme de la sanctification du dimanche et de l'abstinence du vendredi et du samedi, dans lesquelles le gouvernement ne s'ingérera pas davantage contre les catholiques romains, qu'il se mêle d'inquiéter les juifs sur la circoncision, le sabbat et la chair de porc. Cependant nous allons répondre en détail à toutes ces objections.

Il est de droit public que, dans les cas où il y a danger pour la patrie, tous les biens individuels et communaux appartiennent à l'état. La France a donc pu s'emparer des biens du clergé dans un état de crise qui avait été provoqué par les ministres du roi, qui déclarèrent que les finances de l'état étaient hors des ressources ordinaires, ce qui n'était vrai qu'aux yeux de leur ignorance et de leur légéreté; leur dénonciation fut suffisante pour constater le besoin. Or, lorsque d'une part le besoin est sensé exister, que d'autre part, le droit public déclare, dans ce cas, toutes les propriétés appartenir à l'état, n'étaient-ce pas les biens du clergé qui devaient, les premiers, être soumis à cette viscissitude?

Dans de telles circonstances, outre ce que la politique commande, la morale des nations ellemême désigne les biens des célibataires de préférence aux biens des pères de famille, ce qui serait suffisant pour justifier la confiscation des biens du clergé, mais il y a de plus l'usage et la pratique.

Par-tout, et de tous les temps, on a pris les biens du clergé pour remédier aux embarras des finances, et, sans citer ici d'autres puissances, Pie VI, d'heureuse mémoire, lui-même avait pris une partie des biens du clergé de Rome pour payer une partie des dettes de l'état.

On ne peut donc pas attaquer la confiscation des biens du clergé de France, quant au fond; on avoue qu'on ne peut pas dire de même quant aux formes; mais les formes se suppléent même après un long espace de temps. Cet oubli de formes n'a pas été regardé, dans ces dernières années, comme un sujet de schisme. Le pape n'a excommunié aucun des souverains qui ont négligé les formes de l'église. Le roi de Naples, qui confisque journellement avec l'oubli de toutes les formes, n'a point été excommunié par Pie VI, et ne le sera pas probablement par Pie VII.

L'oubli des formes lui-même ne peut donc pas indébiliter dans le fond ce droit de confiscation; puis donc que ce droit existe, il ne blesse point la morale; s'il ne blesse point la morale, le clergé de France peut s'y soumettre sans scrupule de conscience, autant implicitement qu'explicitement.

Les évêques de France savent bien que la restitution des biens du clergé est désormais impraticable; aussi toute leur résistance roule sur le scrupule de ratifier une injustice; mais cette injustice n'existe pas, puisque le droit de confisquer les biens du clergé est écrit dans le code des nations, qui a la primauté sur le code ecclésiastique.

Le défaut de formes est un inconvénient qu'il est facile à l'église d'ôter. Rome sut abandonner les biens de l'église d'Angleterre, même en prévoyant qu'elle courait le risque de ne pas reconquérir, par cette mesure, l'église anglicane.

Benoît XIV renonça aux biens du clergé de l'Albanie, et ordonna d'accorder l'absolution à ceux qui les avaient acquis. Pie VII décidera sagement; il faut espérer que sa décision ne rencontrera aucune résistance.

Le serment qu'on exige du clergé de France, pour le faire rentrer dans sa qualité de citoyen, n'a aucun caractère différent de celui qu'il prêta en 1791; l'un et l'autre tombent sur une constitution qui promet également des indemnités à ceux dont on a déclaré les biens être nationaux. Il n'y a d'autre différence, si ce n'est qu'en vertu du premier, le clergé jouissait des indemnités; et qu'en vertu du second, il devra les réclamer. La difficulté qu'il y aura pour les obtenir et pour en jouir, n'a rien qui affecte la question présente, ni quant au fond, ni quant à la forme, ni quant au scrupule du clergé.

La religion de J. C. n'ordonne pas la restitution des biens de l'église, confisqués et aliénés; si elle l'ordonnait, elle troublerait les états. Si la résistance des évêques était légitime, il s'ensuivrait que la France, à cause de leurs opinions, devrait révoquer la loi de la tolérance si favorable à la religion romaine elle-même.

Une religion qui aurait le droit que veulent exercer les évêques, ne serait plus cette religion bienfaisante, qui a pour principal caractère de favoriser toutes sortes de gouvernemens. L'exercice de ce droit ferait au contraire que cette religion ne conviendrait à aucun, puisque, par l'effet de ses prétentions, on serait sans cesse exposé à de nouveaux désordres. Dans le cas actuel, le bouleversement de la France aurait lieu, pour satisfaire une fraction d'une simple classe qui n'existe plus; et si, dans sa non existence, elle pouvait exercer un tel droit, il s'ensuivrait que les peuples qui ont une fois eu le bonheur de recevoir la religion de J. C. auraient, par là, perdu le droit de changer de gouvernement, même par des voies douces et licites.

Le clergé ne rentrerait pas dans ses propriétés, même dans la supposition du retour de l'ancien régime. Si on les lui restituait, ce ne serait que par des actes en opposition avec la morale des nations; ce serait contre la politique générale ; ce serait un moyen infaillible de faire détester un roi.

Ici on s'abstient d'interpeller les évêques de France sur la conduite qu'ils tiendraient dans la supposition du retour du roi qui évidemment ne leur rendrait pas leurs biens.

Mais à qui dirait-on aujourd'hui de restituer les biens du clergé? Sans doute on s'adresserait à Bonaparte; il répondrait : Ce n'est point moi qui les ai pris, ils furent confisqués il y a onze ans; depuis lors, il y a eu trois ou quatre gouvernemens en France ; les générations se sont succédées et renouvelées, on devrait donc déposséder une génération née après cette confiscation, et qui possède de bonne foi?

Lorsque je suis arrivé à la tête du gouvernement, il n'y avait point de clergé en France; je n'ai donc pas pu pactiser avec lui ; aujourd'hui ce n'est point avec un clergé que je traite, ce n'est pas même avec les pasteurs de telle ou telle religion, c'est avec des individus qui, privés de leur patrie dans les différentes périodes convulsives d'une révolution, sont rappelés à leur ancienne qualité, et à qui le gouvernement a promis des indemnités s'ils y ont droit. Le mot *déporté* n'a point été introduit dans la loi pour désigner le clergé; il ne s'y trouve que parce que, la loi n'étant pas générale, il fallait indiquer les individus que l'on rappelait par les qualités qu'on leur avait données en les expulsant.

S'il y en a parmi eux qui soient ministres d'une religion tolérée en France, ils trouveront que leur religion n'est gênée ni dans ses dogmes ni dans sa discipline; comme les autres religions, elle sera soumise aux lois de police sur les différens cultes tolérés. Le clergé de France fut grand lorsqu'il se condamna à l'exil; il devient petit par les difficultés qu'il oppose à sa rentrée dans sa patrie.

Les tribulations de l'église gallicane ne sont pas à leur fin. Le clergé déporté pourrait donc bien se tromper, s'il regardait la permission qui lui est accordée de retourner, autrement que comme une périodede la déportation; une autre période le chassera peut-être de nouveau. Comment pourrait-il donc faire dépendre le bien qu'il peut procurer à la religion, d'une question de pur intérêt?

Les évêques de France ne voient donc pas que le premier pasteur leur a donné un exemple tout contraire! Nommé évêque des évêques, il est venu occuper son siége, sans savoir s'il aurait de quoi subsister : comme en effet, il n'en a pas trouvé le moyen. Il a résisté aux conseils de ne venir à Rome que lorsqu'il serait assuré de son existence; il n'a voulu pactiser avec personne, et il n'y fût jamais arrivé s'il eût marchandé; les évêques de France imiteront le souverain pontife, où ils courront le risque de ne jamais retourner sur leurs siéges.

Le respect pour les décisions de Pie VI, qui avait déclaré que l'on pouvait prêter le serment de fidélité à la république, en introduisant la clause, *sauf la religion*, fait revivre aujourd'hui cette restriction; mais le cas est changé: on exigeait alors un serment particulier du clergé comme clergé, et cette restriction pouvait être reçue; mais, dans un serment tel que celui qu'on exige aujourd'hui, la restriction *sauf la religion* est sous-entendue et insolite.

De telles restrictions ont pu avoir lieu dans des pays où une secte, persécutée par une religion privilégiée, pactise avec le gouvernement, ainsi qu'il est arrivé en Angleterre à l'égard des Quakers; ils se soumirent avec la clause expresse, qu'ils ne pourraient jamais être appelés en témoignage dans des procès criminels, et qu'ils ne seraient jamais obligés de prendre les armes; mais en France, le pacte entre les différentes religions et l'état se trouve dans la tolérance. Il n'est donc pas nécessaire d'un pacte séparé pour chaque religion individuelle.

Au reste, la restriction *sauf la religion* n'est point une restriction, mais un pléonasme. Un serment à une constitution est une adhésion à un pacte, dans lequel le législateur a concilié les droits cédés par les individus pour établir un gouvernement, avec les droits qu'ils se sont réservés, et a fixé les vrais rapports qu'il doit y avoir dans l'usage réciproque de ces droits.

Si, en se soumettant à un tel pacte, on entrait en explication sur tous les articles qu'il contient, ou qui sont censés y être contenus, selon la forme de sa rédaction, le catholique romain dirait, à l'occasion de la tolérance : J'adhère à cet article, parce qu'il ne m'oblige pas à reconnaître, dans ma communion, le mariage des prêtres, et le divorce, ni qu'on ne peut pas faire des vœux qui lient plus étroitement la créature au créateur. Si, après être entré dans ce détail, il ajoutait, *sauf ma religion*, ce serait une manière de répéter tout ce qu'il vient de dire.

Sauf ma religion ne peut donc avoir de force que dans le cas de l'intolérance; et une restriction quelconque ne peut avoir lieu là où il y a tolérance, que lorsque l'on veut que tel article d'une religion ait un exercice qui contrarie les lois de police sur les cultes tolérés. A cet effet on traite préalablement avec le gouvernement, et on introduit une restriction relative à ce traité dans l'adhésion au pacte général. Par exemple, la religion catholique romaine reconnaît les vœux qui lient plus spécialement la créature au créateur; un gouvernement quelconque 1° a prohibé de léguer des biens à l'église; 2° a détruit les corps religieux; cependant la religion romaine voudrait fonder des couvens; alors elle convient avec le gouvernement, et dans son adhésion au pacte-général elle dit : *Sauf le droit d'établir des couvens, selon tel pacte particulier dérogeant sur ce point à la loi prohibitive.* La clause *sauf la religion* est donc inutile.

Le clergé déporté ne peut pas non plus appuyer son refus d'adhésion à la constitution, sur la confiscation des biens des émigrés, sous le rapport que c'est une injustice qu'il ne peut pas ratifier. Cette délicatesse de sa part mènerait à lui prouver, que la religion de J. C. n'existerait déjà plus en aucun lieu, si elle s'était permis de juger les gouvernemens dans cette matière, et qu'elle se fût retirée lorsqu'on n'aurait pas, à sa réquisition, corrigé de telles injustices; mais on n'a pas besoin de recourir à des argumens généraux, lorsqu'on en a de particuliers sans réplique.

Il est du droit des nations que quiconque s'éloigne de sa patrie, et prend les armes contre elle, perd ses biens, s'il n'est pas vainqueur, encore mieux a dû perdre les siens l'émigré français, à qui il fut donné, par une loi expresse, deux mois pour rentrer, sous peine de confiscation. Celui donc qui n'est pas rentré a ratifié la perte de ses biens.

Quant à l'objection déduite du silence de la constitution sur la tolérance, elle tombe d'elle-même par l'expérience journalière. Il suffit d'avoir mis le pied sur le territoire de la France, pour être convaincu que la religion de J. C., selon la communion romaine, jouit par-tout de la même liberté qu'aucune autre religion.

On ne répond pas à la difficulté qui naît de l'attachement des évêques à la monarchie, à la personne du roi, et à la famille des Bourbons, parce que c'est une affaire de pure délicatesse, et que, sous un rapport si respectable, on se croirait criminel si on la combattait; mais, quant au droit, les évêques savent bien qu'à cause de cet attachement, ils ne peuvent sacrifier ni la tranquillité publique de leur pays, ni le salut des fidèles, sur-tout après l'exemple des autres branches régnantes de la maison de Bourbon, qui ont dû sacrifier tous les intérêts de sang et de convenance, à la politique et à la force.

Toute l'Europe, qui a traité avec les différens gouvernemens qui se sont succédés en France, pourrait prétendre ne les avoir pas reconnus, avoir traité par force avec des factions régnantes et victorieuses, et qu'en France il n'y a jamais eu de gouvernement depuis le renversement du trône; mais elle n'oserait pas dire qu'en traitant avec toutes ces nuances de gouvernemens éphémères, elle n'a pas reconnu formellement l'absence de la monarchie.

Ce que toutes les puissances armées ont pu faire d'une manière active, les évêques de France ne peuvent pas se refuser de le faire d'une manière passive, ceux qui ne sont qu'une partie impuissante d'une classe qui n'existe plus, et à qui la religion ne permet d'autre valeur que la résignation. Du reste, le serment qu'on exige d'eux, n'exclut pas plus leur attachement à la monarchie, si elle revenait, qu'il n'exclut leur faculté de rentrer dans leurs biens, si la monarchie, dans un retour, leur permettait de les réclamer.

CHAPITRE LXXI.

Progression des idées révolutionnaires dans l'esprit des Peuples.

On aurait tort de croire que les peuples restent immuables dans leurs préjugés, dans le temps d'une révolution; ils savent fort bien distinguer en quoi ils gagnent, et en quoi ils ne gagnent pas. Les révolutionnaires ne se trompent pas dans les moyens de séduire les peuples : ils peuvent bien ne pas les convaincre dans les choses qui ne les regardent pas ; mais ils ne manquent pas de les instruire dans les articles de leur compétence.

D'ailleurs un peuple est divisé en tant de parties, qu'il est difficile que ce que l'esprit de révolution ne persuade pas à une classe, il ne le persuade à l'autre. D'où il résulte que l'intérêt fait germer cet esprit dans un peuple, lors même que ce peuple s'oppose à la révolution. Dans le fait, chaque classe ne s'oppose qu'aux choses qui ne se combinent pas avec ses idées et son avantage

Ainsi tel peuple, qui, au commencement d'une révolution, s'est soulevé, parce qu'on lui ôtait sa religion et ses préjugés domestiques, a très-bien compris, peu de temps après, que la suppression des droits féodaux était une opération avantageuse pour lui. Le plus rustre des agriculteurs a senti combien elle donnait de l'aisance à l'agriculture. Il a très-bien compris que si chacun payait l'impôt il paierait moins. De sorte qu'une contre-révolution, qui ne rendrait pas au peuple sa religion, ou qui rétablirait les droits féodaux, et l'inégalité dans l'impôt, trouverait de l'opposition dans le peuple même qui s'opposait à la révolution.

Le législateur ne doit donc point perdre de vue le progrès de l'esprit révolutionnaire, mais exercer, mieux que les novateurs, la justice envers les différentes classes. Les idées révolutionnaires ne sont pas toujours fausses; ce sont les formes de révolutions qui sont toujours injustes.

CHAPITRE LXXII.

Partisans des Français dans tout l'Univers.

On demande pourquoi les Français ont tant de partisans, malgré les argumens qu'ils fournissent eux-mêmes dans l'étranger contre leur doctrine, par l'immoralité et l'avidité de leurs agens subalternes. Voici la réponse en deux mots :

C'est qu'on a résisté aux Français dans des choses incidentelles, et on les a laissés vaincre dans le fond. On n'a pas voulu avec raison que les peuples lussent les papiers français; et, par le moyen de la guerre, on a porté la révolution française en personne dans l'intérieur des empires.

Toute l'Europe est battue, et on fait répandre que les Français ne savent pas se battre, tandis qu'ils occupent depuis huit ans le pays étranger, où ils ont toujours conservé le théâtre de la guerre.

Le soldat français a des formes qui séduisent les gens qu'il dépouille. Le soldat des alliés a dégoûté même ceux qu'il a traités en amis.

On dit aux peuples que les Français sont des hommes de sang; mais les peuples, qui communiquent avec les armées, apprennent que ces hommes de sang étaient une faction qui a été renversée, et que les meurtriers qui couvrirent la France d'un deuil général, ont presque tous péri de mort violente.

On accuse les Français de manquer de foi aux traités; qu'on lise le chapitre douzième.

On blâme la banqueroute chez les Français, et il n'y a pas une puissance qui ne soit en état de faillite.

On reproche aux Français d'avoir trahi les Vénitiens dans le traité de Campo-Formio; combien de princes de l'Empire n'ont-ils pas été sacrifiés par le même traité?

Les Français ont eu le tort de renverser le trône du pape, en se fondant sur une liste de signatures qui leur fut présentée. La Dalmatie a été envahie sur une pareille liste.

Les Français trompent les alliés; les alliés se trompent entre eux; une puissance belligérante envoie un ambassadeur à une puissance neutre pour la décider à prendre parti; dans le même-temps elle signe un traité de paix avec l'ennemi commun.

Voilà ce qui fait tant de partisans aux Français; qu'on joigne le nombre produit par tant de contradictions à celui des mauvais sujets, qu'ils trouvent par-tout, aux mécontens et aux ambitieux, et on ne sera plus étonné qu'il soit si grand.

CHAPITRE LXXIII.

Caractères d'une contre-révolution.

TOUT ce qui met un gouvernement qui retourne, en opposition avec la partie désorganisatrice de l'esprit révolutionnaire, est précisément ce qui doit caractériser une contre-révolution.

Les révolutions se font par la force, par le renversement général des anciennes institutions, bonnes ou mauvaises. Les contre-révolutions doivent se faire par la douceur, par le respect de tout ce qui est saint et sacré, par le rétablissement des institutions civiles et politiques, dont la bonté était reconnue.

L'insurgé doit rencontrer la clémence, et le

législateur contre-révolutionnaire doit avoir une politique souple, qui le fasse profiter des violentes leçons qu'il a reçues, en ne rétablissant d'aucune manière ce qui était condamné par l'expérience et désapprouvé de tous.

Il doit se distinguer par un grand discernement à juger entre les préjugés du peuple, qui méritent d'être rétablis, et ceux qu'il faut laisser sous les ruines d'une révolution.

Il doit se signaler en éloignant du gouvernement les personnes, qui autrefois déplaisaient au peuple, justement ou injustement; c'est en cela seul, et peut-être est-ce la seule circonstance où il est sage de satisfaire ses caprices. Il faut que l'amour pour le souverain qui s'était égaré, ne rencontre dans son retour ni les mêmes hommes qu'il avait en haine, ni des hommes connus déjà sous de mauvais rapports. Il serait mieux que le ministre d'un roi qui revient, fût entièrement inconnu, que s'il n'a pas l'estime générale lorsqu'il a déjà été employé.

Il doit méditer sur les moyens de séduction que les révolutionnaires ont employés, sur les voies qu'ils ont prises, pour adopter des ressorts en opposition, ou, par les mêmes moyens, en leur adaptant une nouvelle forme, arriver à la contre-séduction.

Par exemple, les papiers publics conviennent

autant à la fausse philosophie qui fait les révolutions, qu'à la vraie philosophie qui dirige une contre-révolution.

Il doit éviter avec soin tout ce qui paraîtrait participer de la doctrine des novateurs; mais il ne faut pas qu'il se fasse ni un mérite, ni une règle de professer que tout ce qu'ils ont dit est faux et rejetable; ils n'eussent pas causé tant de maux, si tout ce qu'ils ont avancé n'avait pas été vrai en théorie : on ne séduit pas avec le mensonge, lorsqu'il n'est pas spécieux. C'est leur pratique audacieuse et ignorante qui a perverti et réduit en paradoxes, les principes les plus purs.

Lorsque le législateur sera obligé d'admettre des principes dont les novateurs ont abusé, il doit les accompagner de formes différentes, et sur-tout éviter de les suivre dans leur méthode précipitée.

En se servant des choses saintes qu'ils ont profanées, il doit s'éloigner de leur nomenclature; mais, lorsqu'ils ont conservé à quelque chose son ancien nom, il ne doit pas se croire obligé d'être lui-même un novateur, en rejetant des noms consacrés de toute antiquité.

Il doit profiter des circonstances de renversement lorsque l'intérêt de son peuple l'exige; mais il ne doit, en aucun cas, user de mesures qui deviendraient révolutionnaires, si elles blessaient une classe, de la même manière que le gouvernement des novateurs blessait une autre classe.

Le faux philosophe révolutionnaire n'est qu'un ouvrier qui abat, sans être capable de plan de reconstruction.

Le philosophe contre-révolutionnaire doit être un artiste, qui sait choisir ce qu'il y a de bon dans les décombres, pour l'adapter à son nouvel édifice.

FIN DU PREMIER VOLUME.

TABLE

DES MATIÈRES

CONTENUES DANS CE VOLUME.

FIN DE LA TABLE DU TOME PREMIER.

www.ingramcontent.com/pod-product-compliance
Ingram Content Group UK Ltd.
Pitfield, Milton Keynes, MK11 3LW, UK
UKHW012156240726
13966UKWH00002B/375

9 782011 917409